高等职业教育教材

科技文献检索

姚瑶 许梦燕 主编
丁立 陈优生 主审

·北京·

内容简介

本书以当代大学生信息素养教育为目标组织内容，全书主要分为三部分。第一部分介绍信息资源的概念和特点，并将学术道德规范融入其中；第二部分重点介绍大学生最易入门、最常用的中文数据库、图书资源和专利文献的使用；第三部分介绍参考文献管理和论文写作，使学生能够初步掌握文献综述的写作技能。教材内容深入浅出，紧密结合学生使用数据库的常见功能，具有较强的实用性。

本书可作为高职高专院校制药、环保、化工、轻工类科技专业的学生学习使用，也可作为相关专业读者的参考资料。

图书在版编目（CIP）数据

科技文献检索/姚瑶，许梦燕主编．—北京：化学工业出版社，2022.9（2025.3重印）

ISBN 978-7-122-41470-0

Ⅰ.①科⋯　Ⅱ.①姚⋯②许⋯　Ⅲ.①科技情报-情报检索-高等职业教育-教材　Ⅳ.①G252.7

中国版本图书馆CIP数据核字（2022）第085877号

责任编辑：蔡洪伟
文字编辑：邢苗苗　陈小滔
责任校对：边　涛
装帧设计：李子姮

出版发行：化学工业出版社
　　　　（北京市东城区青年湖南街13号　邮政编码100011）
印　　装：北京云浩印刷有限责任公司
710mm×1000mm　1/16　印张 9½　字数 154 千字
2025 年 3 月北京第 1 版第 3 次印刷

购书咨询：010-64518888　　　　售后服务：010-64518899
网　　址：http://www.cip.com.cn
凡购买本书，如有缺损质量问题，本社销售中心负责调换。

定　　价：33.00元　　　　　　　　　版权所有　违者必究

编审人员名单

主　　编　姚　瑶　许梦燕
主　　审　丁　立　陈优生
副 主 编　廖宇峰　苏海明
编写人员　姚　瑶　廖宇峰　苏海明　许梦燕
　　　　　　刘亚娟　邹玉繁　范文昌

前言

在信息快速更新的当今社会，各类资源层出不穷，但也同时出现了有效信息和无效信息混杂的问题，如何能在较短时间内获取准确的内容，熟练掌握知识、情报、文献等有效信息早已是从事科研、生产等相关人士必备的重要素养之一，这一素养也逐渐成为人类站在信息链前端，准确把握专业、行业发展动向的重要保障。

科技文献检索是一门集图书馆学、信息学、计算机技术及网络技术于一体的工具性课程，是提高学生信息素质和文献获取能力的有效途径之一。本课程旨在树立学生的信息意识，提高学生文献检索和论文写作的基本技能，在当前"互联网+"背景下，其对于培养高素质的应用型人才具有极其重要的作用。《科技文献检索》教材基于课程特点和课程目标进行编写，主要分为三部分。第一部分介绍信息资源的概念和特点，并将学术道德规范融入其中；第二部分重点介绍大学生最易入门、最常用的中文数据库、图书资源和专利文献的使用；第三部分介绍参考文献管理和论文写作，使学生能够初步掌握文献综述的写作技能。教材内容深入浅出，紧密结合学生使用数据库的常见功能，具有较强的实用性。

《科技文献检索》是编者长期从事相关教学的经验积累总结。本教材共六章，第一章由苏海明编写，第二章由许梦燕编写，第三章由廖宇峰编写，第四章由许梦燕、刘亚娟编写，第五章由姚瑶、邹玉繁编写，第六章由姚瑶、范文昌编写。全书由姚瑶统稿，由丁立、陈优生主审。

由于编者水平有限，书中难免存在疏漏和不妥之处，敬请广大读者批评指正。

本书的完成感谢广东省自然科学基金（2018A030310055）和广州市科技发展专项（202102021294）的支持。

编者

2022年3月

目 录

第一章 信息检索概述　1

第一节　文献信息基础知识　1
　一、信息、知识、情报与文献　1
　二、文献的类型　6
　三、文献与信息素养　13

第二节　信息检索基础知识　16
　一、信息检索语言　17
　二、信息检索方法与程序　21
　三、信息检索的技术　22

第三节　信息道德与法律　24
　一、信息道德　24
　二、学术规范　24
　三、学术不端行为　24
　四、信息法律　24

第二章 常见中文数据库检索与利用　27

第一节　中国知网（CNKI）数据库检索与利用　27
　一、中国知网（CNKI）数据库简介　27
　二、常用检索方式　28
　三、检索结果的输出　32
　四、检索训练　35

第二节　万方数据知识服务平台　35
　一、万方数据知识服务平台简介　35
　二、常用检索方式　36
　三、检索结果的输出　39
　四、检索训练　42

第三节　维普资讯中文期刊服务平台　43
　　一、维普资讯中文期刊服务平台简介　43
　　二、常用检索方式　43
　　三、检索结果的输出　46
　　四、检索训练　50

第四节　中国生物医学文献服务系统　50
　　一、中国生物医学文献服务系统简介　50
　　二、常用检索方式　51
　　三、检索结果的输出　56
　　四、检索训练　59

第三章
图书检索与利用　61

第一节　现代图书馆　61
　　一、现代图书馆概述　61
　　二、图书馆的职能与作用　61

第二节　电子图书　62
　　一、电子图书概述　63
　　二、电子图书的特点　63
　　三、电子图书的阅读方式　63

第三节　超星数字图书馆　64
　　一、检索途径　64
　　二、超星阅读器　67

第四节　图书信息检索　69
　　一、文献排架概述　69
　　二、图书馆馆藏书目检索　69

第五节　图书馆参考咨询服务　72
　　一、信息咨询与检索服务　72
　　二、科技查新服务　74
　　三、馆际互借与文献传递服务　76

第六节　移动图书馆APP　80

一、超星移动图书馆　80
　　二、超星学习通　81
　　三、CNKI 全球学术快报　81

第四章
专利文献检索与利用　85

　第一节　专利　85
　　一、专利概述　85
　　二、专利制度　85
　　三、专利的特征　88
　　四、专利的分类　89
　　五、不能授予专利权的范围　90
　　六、专利的优先权　91
　第二节　专利文献　92
　　一、专利文献概述　92
　　二、专利说明书　92
　　三、专利文献的特点　93
　　四、专利文献的分类体系　94
　第三节　专利文献检索工具　96
　　一、专利检索工具书　96
　　二、专利检索数据库　97

第五章
参考文献管理　119

　第一节　文献管理软件简介　119
　　一、文献检索　119
　　二、文献管理　119
　　三、论文写作　119
　　四、学术文献收集和管理功能　120
　第二节　Endnote 文献管理软件　120
　　一、Endnote 基本原理　120
　　二、Endnote 的常见功能和使用　120

第六章 论文写作　131

第一节　论文撰写的步骤和方法　131
一、论文的立题　131
二、论文写作的构思　131
三、撰写提纲　132
四、写成初稿　132
五、修改定稿　132

第二节　论文的撰写格式　132
一、题目　132
二、作者署名　133
三、摘要　133
四、关键词　135
五、分类号　136
六、前言　136
七、正文　136
八、讨论　138
九、结论　138
十、致谢　139
十一、参考文献　139
十二、附录部分　141

第三节　论文的投稿　141
一、选择期刊　141
二、不要一稿多投　142

参考文献　143

第一章
信息检索概述

第一节　文献信息基础知识

一、信息、知识、情报与文献

1. 信息

信息最早见于我国唐代诗人李中《暮春怀故人》中"梦断美人沉信息，目穿长路倚楼台"的诗句，这里的信息就是消息的意思。中国古朴的信息通常理解为"信号和消息"，随着科技的不断发展和人类的不断进步，信息的概念也不断深化。

关于信息的定义有多种版本，《辞海》对信息的定义为："① 音讯；消息。② 对观察对象形态、运动状态和方式的反映。是事物的一种普遍属性"；美国《韦氏字典》把信息解释为：用来通信的事实，在观察中得到的数据知识；英国《牛津字典》把信息解释为：信息是谈论的事情、新闻和知识。狭义的信息是指具有新内容或新知识的消息，即对接受者来说是预先不知道的东西。广义的信息则是物质运动规律的总和。

信息具有共同的特点：可识别性、可转换性、可存储性、可共享性、可传递性、可处理性、时效性和无限性，具体解释如下。

（1）可识别性：信息可以通过人的感官感知和识别，也可以通过各种人造的探测仪器和信息工具识别。由于人的认识能力和制造仪器、工具的技术在特定的时期和阶段是有限的，所以信息的可识别性并不会一一对应于现实中我们所遇到的每一种情形。但是，有许多信息处于未被认识的状态时，我们只将这看作暂时现象。因为，从辩证唯物主义的认识论出发，人的认识能力是不断发展提高的，今天无法识别的信息，随着时间的推移，都将被我们所认识。

（2）可转换性：信息的可转换性可以从两个方面体现出来。一是信息的表达形式和记存形式具有可转换性，例如，用口头语言表达的信息，可以用文字记录下来转换成书面表达形式，这是表达形式之间的转换；而同一信息内容可以记存在我们的大脑中，可以记录于纸上，也可以拍成胶卷或者记录于计算机磁盘上，这是记存形式的转换。二是信息可以转化为物质财富和精神财富。例如，在社会各个领域的活动中，充分利用信息，可以减少盲目性，实现人、财、物的合理配置，提高劳动生产率。

（3）可存储性：信息可以采用各种方式记录存储，信息的记录存储要以各种载体为媒介。人的大脑是记存信息的第一载体，此外信息的载体还有纸张、磁带、胶卷、光盘、磁盘等。信息的记录存储只有载体是不够的，还需要符号、记录工具或技术设备。

（4）可共享性：这一特性主要体现在信息可以同时被许多人利用，而且信息总量不会因利用者的增加而减少。相反，信息的共享程度越高，信息所发挥的作用就越大。现代计算机信息网络上传递的信息，无论有多少终端用户使用，都不会因此减少每一个用户所获得的信息量。

（5）可传递性：信息可以通过各种载体或媒介进行传播。社会信息的传播，可以采用人际间的直接传播方式，例如口耳相传，也可采用有组织的间接传播方式，如广播、电报、电视、电影、网络贴吧、博客、微博、微信等。正是由于信息的可传播性，人类才可以相互联系和沟通，社会才能不断向前发展。

（6）可处理性：信息的可处理性是指信息是可以被修改、增加和删除的，信息经过处理加工后又会形成新的信息。

（7）时效性：随着事物的发展与变化，信息的可利用价值也会相应地发生变化。信息随着时间的推移，可能会失去其使用价值，就可能变成无效的信息。信息具有时效性，这就要求人们必须及时获取信息、利用信息，这样才能体现信息的价值。

（8）无限性：信息无限性是指信息来源和信息的不断发展、没有止境。信息的无限性表现在两个方面：一是客体产生的信息具有无限性。只要事物在运动，就有信息存在；只要人类认识和改造客观世界的活动不停止，这些活动就会衍生大量的信息供人类利用。信息永远在繁衍、更新、创造着，是一种取之不尽、用之不竭的资源。二是认识主体利用信息的能力和领域具有无限性。

2. 知识

知识是人对客观事物的存在和运动规律的认识，是人类在改造客观世界的实践中累积起来的认识和经验的总和。知识提供某种经过思考的判断和某种实验的结果，是信息经过多次反复以及人们的加工整理而序列化后形成的。《辞海》对知识的解释是人类认识的成果或结晶，依反映层次的系统性，可分为经验知识和理论知识。其初级形态是经验知识，高级形态是系统的科学理论。

（1）知识的特性。包括意识性、信息性、实践性、规律性、继承性、渗透性。

① 意识性：知识是一种观念形态的东西，只有通过人类的大脑才能认识它、产生它、利用它。

② 信息性：信息是生产知识的原料，知识是经人类认识、理解并经思维重新整合后的系统化信息，知识是信息中的一部分。

③ 实践性：实践是产生知识的基础，也是检验知识的标准，知识又对实践具有重大的指导作用。

④ 规律性：人们在实践中对事物的认识，是一个无限的过程，人们在这种无限过程中所获得的知识从一定的层面上揭示了事物及其运动过程的规律性。

⑤ 继承性：每一次新知识的产生，既是原有知识的继承利用、深化与发展，又是下一次知识更新的基础和前提。

⑥ 渗透性：随着人类对世界认识的不断深化，各种门类的知识可以相互渗透，构成知识的网状结构。

（2）知识的分类。经济合作与发展组织在《以知识为基础的经济》一书中，将知识按使用角度分为以下四类。

① Know-what（知道是什么）——关于事实方面的知识。这类知识通常被近似地称为信息，在一些复杂的领域，专家们需要掌握许多此类知识才能完成他们的工作，如律师和医生。

② Know-why（知道为什么）——关于自然原理和规律方面的知识。这是指自然原理和规律方面的科学理论，是多数产业中技术与工艺进步的支撑力量，这类知识大多是由专门研究机构如实验室和大学来创造的。

③ Know-how（知道怎么做）——关于技能或能力方面的知识。它是指做某些事情的技艺和能力，掌握这类知识往往是发展和保持优势的诀窍。

④ Know-who（知道谁有知识）——关于到哪里寻求知识的知识。它涉及谁知道某些事和谁知道如何做某些事的信息，这在社会高度分工的经济中显得尤为重要。

这四类知识的获取有不同的途径。前两类知识可以通过读书、参加讲座、处理数据库等获得；而后两类知识则根植于日常实践中。

知识按表述方法可分为显性知识和隐性知识两类。

显性知识是指可以通过正常的语言方式传播的知识，典型的显性知识主要是指以专利、科学发明和特殊技术等形式存在的知识，存在于书本、计算机数据库、光盘等。显性知识是可以表述的，有载体的。

隐性知识往往是个人或组织经过长期积累而拥有的知识，也称"隐含经验"，隐性知识通常不易用言语表达，也不可能传播给别人或传播起来非常困难。隐性知识的特点是不易被认识到、不易衡量其价值、不易被其他人所理解和掌握。

3. 情报

情报的概念源于古代战争，"战时关于敌情之报告，曰情报"。情报是指被传递的知识或事实，是知识的激活，是运用一定的媒体（载体），越过空间和时间传递给特定用户，解决科研、生产中的具体问题所需要的特定的知识和信息。情报是为实现主体某种特定目的，有意识地对有关的事实、数据、信息、知识等要素进行劳动加工的产物，是具有特定目标任务的信息。

（1）情报的基本属性。情报的基本属性是知识性、传递性和效用性。

① 知识性：知识是人的主观世界对于客观世界的概括和反映。随着人类社会的发展，每日每时都有新的知识产生，人们通过读书、看报、听广播、看电视、参加会议、参观访问等活动，都可以吸收到有用知识。这些经过传递的有用知识，按广义的说法，就是人们所需要的情报。因此，情报的本质是知识。没有一定的知识内容，就不能成为情报。知识性是情报最主要的属性。

② 传递性：知识要成为情报，还必须经过传递，知识若不进行传递交流、供人们利用，就不能构成情报。情报的传递性是情报的第二基本属性。

③ 效用性：情报的第三基本属性是效用性，人们创造情报、交流传递情报的目的在于充分利用，不断提高效用性。情报的效用性表现为启迪思想、开阔眼界、增进知识、改变人们的知识结构、提高人们的认识能力、帮助人们去认识和改造世界。情报为用户服务，用户需要情报，效用性是衡量情报服务工作好坏的重要标志。

此外，情报还具有社会性、积累性、与载体的不可分割性以及老化等特性。情报属性是情报理论研究的重要课题之一，其研究成果正丰富着情报学的内容。

（2）情报的基本分类。情报按应用范围分类，可分为科学情报、经济情报、技术经济情报、军事情报、政治情报等。

按内容及作用分类，情报又可分为战略性情报和战术性情报两大类。战略性情报一般是指对解决全局或某一特定领域中一些带有方向性、政策性问题所需要的活化了的知识，其中包括科学依据、论证和方案等内容。战略性情报的形成需要经过高度的逻辑思维过程并具有较明显的预测性质。战术性情报则是指对解决局部或某一学科领域中的一些具体问题所提供的情报。战略性情报与战术性情报是相互作用、密切关联的，战术性情报是构成战略性情报的基础，战略性情报则可以为战术性情报指明方向。

4. 文献

"文献"一词最早见于《论语·八佾》，南宋朱熹《四书章句集注》认为"文，典籍也；献，贤也"，所以这时的"文"指典籍文章，"献"指古代先贤的见闻、言论以及他们所熟悉的各种礼仪和自己的经历。

《辞海》对文献的定义为：原指典籍与贤者。后专指具有价值或与某学科相关的图书文物资料。今为记录知识的一切载体的统称，包含以文字、图像、符号、声频、视频等记录人类知识的各种载体。由此可见，不仅古代的甲骨文、碑刻、竹简、帛书是文献，图书、报纸、期刊是文献，现今的机读资料、缩微制品、电子出版物等也是文献，凡是记录有信息或知识的一切载体均为文献，它是信息、知识存在的基本形式。

（1）文献的构成要素。文献的构成具有以下四个基本要素。

① 构成文献内核的知识信息。

② 负载知识信息的物质载体。如甲骨、竹简、绢帛、纸张、胶卷、磁盘、光盘等，它是文献的外在形式。

③ 记录知识信息的符号。如文字、图表、声音、图像等。

④ 记录知识信息的手段。如刀刻、书写、印刷、录音、录像等。

由此可知，文献首先要有一定的知识内容，没有记录任何知识内容的纸张、胶卷、磁盘、光盘等不能称为文献。其次，文献要有用以记录知识的物质载体，因此存在人的头脑中的知识不能称为文献。另外，必须用一定的记录手段将文字、图表、声音、图像等符号记录在载体上，才能形成文献。

（2）文献的特点。文献具有六大特点：数量庞大、类型复杂、语种繁多、出版分散、内容相互交叉、新陈代谢频繁。

（3）文献的功能

① 存储知识的功能。自古以来，人类认识世界、改造世界所取得的各种知识，主要是靠文献来存储的。虽然文献不能把人类知识的全部都存储起来，但是它却能记录保存人类知识的精华。因此，文献一直是人类了解过去、认识现在和预测未来的重要工具，文献是存储人类知识的最重要的形式。

② 传递和交流信息的功能。文献能记录人类一切精神文明、物质文明的历史和现状，是传递人类社会知识的最佳工具。如果说，古代文献以"藏"为主，那么，当代文献则是以交流为主，文献的传递和交流在现代社会是非常重要的。

③ 保存文化遗产的功能。在漫长的历史长河中，人类积累了大量的文化遗产，这是人类的宝贵财富。随着社会的发展、科学的进步，这笔财富正在不断地剧增。长期的实践证明，历史上许许多多珍贵的文化遗产，多数是依赖文献才保存流传至今的。因此，文献具有保存人类文化遗产的功能。

（4）信息、知识、情报及文献之间的关系。信息、知识、情报及文献之间的关系可以用图 1-1 表示。

图 1-1　信息、知识、情报及文献之间的关系

用逻辑图可以表示为图 1-2。

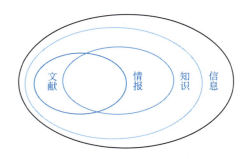

图 1-2　信息、知识、情报及文献的逻辑关系

二、文献的类型

文献资源是指人类社会活动中经过加工处理使之有序化并大量积累后的有用信息的集合，按照文献的加工深度、载体形式和出版形式等不同角度可划分为多种类型。

（一）按加工深度划分

1. 零次文献

零次文献指未经公开发表或未交流于社会的文献。主要包括私人笔记、设计草稿、实验记录、论文草稿、会议记录、书信、口头传递的言论等。

2. 一次文献

一次文献又称原始文献，指首次公开发表的记载科研人员研究成果的信息资源。主要包括：期刊论文、科技报告、会议论文、学位论文、专利文献、技术档案等。

3. 二次文献

二次文献又称检索工具，是将大量杂乱无序的一次文献进行收集、整理、加工，使之成为系统、有序的文献信息资源，是查找一次文献的工具。如：目录、文摘、索引、各种文献信息数据库。

4. 三次文献

三次文献指在利用二次文献的基础上，从一次文献中提取数据、事实和有关结论，并经过综合分析与重新组合而编写的文献。包括：综述研究和参考工具。

（二）按出版形式划分

1. 图书

图书是人们为了保存和传播知识，有意识地用文字、图像、音频、视频等手段将知识记录在一定的物质载体上的著作。图书的特点是装订成册，有一定的篇幅，由封面、书名页、版权页、正文等部分组成。图书一般划分为以下两大类。

（1）提供读者阅读的著作书籍。包括科学专著、科普读物、教科书等。

（2）提供读者检索查阅的工具书。包括检索工具书和参考工具书两大类。

图书往往是编著者在收集大量资料的基础上，经分析归纳后编写而成的。其特点是内容比较系统、全面、成熟、可靠，但出版周期较长，报道速度相对较慢。图书的著录特点是：有特定的书名、编著者；有出版地、出版社名和出版年份；有版次信息；同时有唯一的国际标准书号（ISBN）。

图书是人类积累、存储、传播知识的重要手段之一，它具有保存人类精神产品、交流传递知识信息、进行社会教育和丰富人类文化生活等多种社会功能。图书是社会生活的产物，是影响社会发展的有利因素。它是最早出现的文献类型之一，至今在文献中仍占重要地位，是主要的信息源。

2. 期刊

有固定的名称和统一的出版形式，有连续的年、卷、期，汇集多个作者作品的定期连续出版物称为期刊，又称为杂志。期刊论文内容新颖，报道速度快，信息含量大，是传递科技情报、交流学术思想最基本的文献形式。大多数检索工具以期刊论文作为报道的主要对象。

期刊根据不同的性质，可以划分为学术性期刊、普及性期刊和资料性期刊。其中学术期刊中的核心期刊是各个学科的重点期刊，往往重点反映某一学科的学术思想和学术发展的先进水平，得到高度重视。识别期刊的主要依据有期刊名称，期刊出版的年、卷、期，以及国际标准期刊号（ISSN）。中国出版的期刊一般具有国内统一刊号（CN）。

期刊具有以下特征：① 连续出版。定期或者不定期地连续出版，有按序无限延伸出版的可能。② 定期出版。每年至少出版一期，有卷、期或年、月等表示连续出版性质的序号。③ 有一个固定的名称。每一种期刊都有比较固定的名称。④ 出版形式统一。期刊编排格式比较固定。期刊还有较固定的编辑者，负责组织稿源以及内容的加工等工作。一般期刊有编辑部、编辑委员会等机构，有的刊物每期都列出主编和编辑委员会等。

3. 会议文献

会议文献是在各种学术会议、专题研讨会上宣读、发表或交流的论文和报告，它是最新研究成果公布于世的一种主要方式。会议论文大多为非正式出版物，其文献在信息传递上比期刊论文要快。随着科学技术的迅速发展，世界各国的学会、协会、研究机构及国际性学术组织举办的各种学术会议日益增多，世界上每年举办的科学会议达数万个，产生几十万篇会议论文。会议文献反映当前科技水平，传递文献及时，论题专深，集中了不同学术见解，具有新颖性、原始性。会议文献是及时了解各学科研究动态和发展趋势，了解各国科学技术发展水平的重要的文献信息。一般可分为：论文全文、会议记录及专题资料。

会议文献没有固定的出版形式，有些刊载在学会、协会出版的期刊上，作为专号、特辑或增刊；有些则发表在专门刊载会议记录或会议论文摘要的期刊上；一些会议文献还常常汇编成专题论文集或出版会议丛刊、丛书，还有些会议文献以科技报告的形式出版。此外，有的会议文献以录音产品、录像产品或缩微制品等形式出版。许多学术会议还在互联网上开设了会议网站，或者在会议主办者的网站上设会议专页，利用网站报道会议情况和出版论文。

4. 科技报告

科技报告也称研究报告或科学技术总结报告，是关于某项科学研究成果的正式报告，或是对研究和试验过程中各阶段进展情况的实际记录。科技报告出现于 20 世纪初，第二次世界大战后迅速发展，成为科技文献中的一大门类。科技报告是不定期出版物，一个报告为一单行本，有统一编码，通常载有主持单位、报告撰写者、密级、报告号、研究项目号和合同号等，按内容可分为报告书、论文、通报、札记、技术译文、备忘录、特种出版物。

科技报告大多与政府的研究活动、国防及尖端科技领域有关，能代表一个国家和专业的发展水平与动向，发表及时，课题专深，内容新颖、成熟，数据完整，且注重报道进行中的科研工作，是一种重要的信息源。目前国际上较著名的有美国四大报告：AD（美国武装部队技术情报服务）报告、PB（美国出版局）报告、NASA（美国国家航空航天局）报告、NEC/ERDA/DOE（美国原子能委员会/能源研究与发展署/能源部）报告。

5. 专利文献

专利文献是指在专利申请、审批和加工整理过程中形成的一系列文献的总和。包括专利申请书、专利说明书、专利公报、专利分类表、专利文摘、专利索引以及与专利有关的法律文件及诉讼资料等。专利说明书是专利文献的核心部分，通常查阅和索取的专利文献就是指专利说明书。专利文献是专利制度的产物，它集科技、法权、经济为一体，是现代重要的文献情报源。专利说明书是专利文献的技术内容的主体。

专利文献的载体形式一般为纸型、缩微胶片型、磁带型、光盘型等。专利文献具有内容新颖、广泛、系统、详尽，实用性强，可靠性强，质量高，出版迅速，形式统一，重复出版量大，分类和检索方法特殊，文字严谨，局限性，题目笼统等特点。根据设置的专利种类，专利文献分为发明专利说明书、实用新型专利说明书和外观设计专利文献三大类。根据其法律性，专利文献可分为专利申请公开说明书和专利授权公告说明书两大类。

6. 标准文献

标准文献是指标准化工作的文件，是经公认的权威机构批准的标准化工作成果，主要是对工农业产品和工程建设的质量、规格及其检验方法等方面所做出的技术规定，是从事生产、建设和管理的共同规范或依据，是规范性的技术文献，具有一定的法律约束力。标准分为国际标准、国家标准、部颁标准、企业标准四种。同时，根据标准的内容，标准分为基础标准、产品标准、辅助产品标准、原材料标准、方法标准五大类。

标准文献的特点包括：① 标准文献描述详尽、可靠、具有法律效力。标准文献的技术成熟度高，且又作为一种依据和规范被提出，因此内容详尽、完善可靠；同时它又具有一定的法律效力，使产品生产和工程建设有据可依。② 标准文献单独出版、自成体系。标准文献无论是编写格式、语言描述、内容结构，还是审批程序、管理办法、代号系统等，都独自成为一套体系。③ 标准的时效性很强。国际标准化组织规定每 5 年重新审定一次，个别情况可以提前修订，以保证标准的先进性。④ 标准文献交叉重复、相互引用。从企业标准到行业标准再到国际标准之间，并不意味着技术水平等级依次上升，在制定标准时，同一级别的标准甚至不同级别的标准经常相互引用和交叉重复。

7. 学位论文

学位论文是高等院校研究生、本科生所写的作为评定学位依据的论文，用以介绍他们的研究成果和所得结论的调查研究报告。学位论文需在导师指导下独立完成，并需在论文答辩环节获得评委通过。学位论文分为学士论文、硕士论文和博士论文三种，三种论文要求的字数逐级递增。从内容来看，学位论文可分为两类：一类是作者参考了大量资料，进行了系统的分析、综合，依据充实的数据资料，提出的本人的独特见解，称为综论；另一类是作者根据前人的论点或结论，经过实验和研究，提出的进一步的新论点。学位论文的特点：具有独创性，内容专一，论述详细、系统，是经过一定审查的原始研究成果。

8. 报纸

报纸是具有固定名称，面向公众定期发行，以刊载新闻和评论为主的连续性出版物。报纸一般出版周期短（日、隔日、周报、旬报），有年、月、日顺序，具有受众面广、发行数量庞大、信息量大、时效性强、制作简便、成本低廉、影响力大等特点，是一种重要的信息源。

报纸不论大小，都由报头、报眼、版位、栏目组成。报头总是放在最显眼的地方，大都放在一版左上角，也有的放在一版顶上面的中间。报头上最主要的是报名，一般由名人书法题写，也有的作黑体字。报头旁边的一小块版面，通称"报眼"。对"报眼"的内容安排没有定规，有的用来登内容提要、日历和气象预报，有的用来登重要新闻或图片，有的用来登广告。报纸的版面位置叫版位，对一份报纸来说，第一版是要闻版，排在这一版上的新闻比其他版重要。

标题是报纸刊登的新闻和文章的题目，用来概括和提示它们的内容，帮助读者了解它们的意义和实质，标题所用的字号大小也能显示这些新闻和文章是否重要。栏目是报纸定期刊登同类文章的园地，有的栏目还邀请固定的名人写稿，这样的栏目称为名人专栏。除栏目外，还有一些不定期的专版，范围比专栏更大一些。这些专版有一定的时间性，不像定期专栏那样固定。广告是当代报纸常用的一种宣传手段，报纸广告主要是商业广告，还有一些通告、通知、启事以及文化娱乐广告等。报纸收取一定的广告费，用于报社的建设和发展。

一般地，我国报纸分为党报、社会性综合报、对象性报纸、专业性报纸、社会服务性报纸、其它报纸等六大类。此外报纸还可以有其他分类，如以报纸内容分，有综合性报纸和专业性报纸；以发行范围分，有全国性报纸和地方性报纸；以出版时间分，有日报、晚报、周报和周末报；以版面大小分，有大报和小报；以从属关系分，有党报和非党报、机关报和非机关报；按所使用文字分，有中文报纸、外文报纸、汉文报和少数民族文字报纸。

9. 政府出版物

政府出版物又称官方出版物，是有官方性质，并由政府部门及其专门机构，根据国家命令出版的文献资料。其内容比较广泛，大致包括行政性文献（如法令、条约、统计资料等）和科技文献（如研究报告、技术政策等）两大类。

政府出版物所涵盖的内容范围十分广泛，几乎涉及整个知识领域，但重点主要在政治、经济、法律、军事、制度等方面。政府出版物具有正式性和权威性的特点，对于了解各国科学技术发展情况具有独特的参考价值。

10. 公司产品资料

公司产品资料主要是指厂商为推销产品而印刷的各种商业性宣传资料、技术资料，能反映国内外同类公司或产品的有关情报，分为产品样本和产品说明书。

11. 档案文献

档案文献是国家、机构和个人从事社会活动留下的具有历史价值的文献。档案文献是一种原始的历史记录，它是由人们在社会生活中自然形成的文件转化而来的，不是随意编写和搜集而来的。档案文献是有组织的文件体系，不是零散的文件堆积，而是按照一定的规律挑选和组织而成的文件体系。档案文献对了解历史、预测未来以及解决当前各项工作中的问题都具有重要的参考价值，是进行社会科学研究必不可少的第一手参考资料，是一种很有价值的信息源。

12. 数据库

数据库是按照数据结构来组织、存储和管理数据的仓库。数据库是以一定方式储存在一起、能与多个用户共享、具有尽可能小的冗余度、与应用程序彼此独立的数据集合，可视为电子化的文件柜——存储电子文件的处所，用户可以对文件中的数据进行新增、查询、更新、删除等操作。

数据库的存储空间很大，可以存放百万条、千万条、上亿条数据。但是数据库并不是随意地将数据进行存放，是有一定的规则的，否则查询的效率会很低。数据的来源有很多，比如出行记录、消费记录、浏览的网页、发送的消息等等。除了文本类型的数据，图像、音乐、声音都是数据。

13. 内部刊物

内部刊物是指政府机关、高等院校、研究机构、出版发行等单位非公开出版的刊物。内部刊物主要反映部门政策、教学科研成果、学术动态等，一般内部发行，内部交换。

14. 统计资料

统计资料即反映事物现象及其过程特征和规律性的数据资料。统计资料包括统计数据、数据分析和根据统计资料编辑而成的数据集、数据表等。统计资料是科研中进行定量分析必不可少的资料，是进行决策的重要依据。

（三）按载体形式划分

1. 印刷型

利用纸张为存储介质，以印刷技术为记录手段而产生的文献。包括油印、铅印、胶印、复印等印刷品及手稿。主要优点是便于阅读和流传，缺点是笨重、体积大，存储密度低，不易保存，不利于资源共享。

2. 缩微型

以感光材料为载体，利用摄影技术使文献影像体积缩小记录在胶卷或胶片上的文献。主要优点是存储信息密度大，体积小，传递方便，价格便宜。缺点是不能直接阅读，必须借助缩微阅读器才能阅读，保存条件要求高。

3. 声像型

以磁性或感光材料为存储介质，利用特定的设备及技术，直接记录声音、图像信息的文献。包括录音带、录像带、电影胶片、幻灯片、唱片、多媒体资料等。主要优点：存储密度大，形象、直观，成本低，使用寿命长。

4. 机读型

以电子数据的方式将图、文、声、像等信息存储在磁光介质（光、电、磁介质）上，通过网络通信、计算机或类似设备再现的信息资源。包括磁带、光盘数据、电子图书、电子期刊、联机数据库、网络数据库等。主要优点是存储密度大，存取速度快，原有记录可以改变更新，可以提供多维、有序化的可操作功能，应用方便快捷，便于检索。

三、文献与信息素养

1. 信息素养

在信息社会中，人们需要具备的基本能力之一是信息素养，信息素养也称信息素质，从英文 information literacy 翻译而来。这个名词最早是 1974 年由美国信息产业协会主席保罗·泽考斯基（Paul Zurkowski）提出的，他将信息素养定义为"利用大量的信息工具及主要信息源使问题得到解答的技术和能力"，主要包括文化素养（知识层面）、信息意识（意识层面）和信息技能（技术层面）三个方面。

这一概念的提出，受到了社会各界的广泛关注和重视，此后，不断有学者、组织对信息素养进行定义。1989 年《美国图书馆主席委员会关于信息素养的报告》中提出："具备信息素养的人能够识别何时需要信息，能够查找、评价和有效地利用需要的信息。从最根本上讲，具备信息素养的人是那些学会了如何学习的人。他们懂得知识是如何组织的，如何找到信息，以及如何以一种其他人能够向他们学习的方式利用信息。他们为终身学习做好了准备，因为他们总是能够为手中的任何任务和决策找到需要的信息。"

1998 年，美国图书馆学会和美国教育传播与技术协会制定了"学生学习的信息素养标准"，从信息素养、独立学习和社会责任三方面提出了九大信息素养标准和 29 个指标。2000 年，美国高等教育图书研究协会制定了曾引起世界范围广泛关注的《高等教育的信息素养能力标准》，该标准分为标准、执行指标和效果三个板块，有 5 大标准、22 项执行指标和若干个子项。2015 年 2 月，美国研究图书馆协会推出了《高等教育信息素养框架》，包括引言、框架、附录三大部分，客观地反映了当前人们对知识创造与传播新模式、全球高等教育和学习环境变革的深刻认识，倡导挖掘信息素养的巨大潜能，使其成为更有深度、更加完整的学习项目。

2. 信息素养的内容

虽然对于信息素养的定义有不同的表述，但大体而言，信息素养主要包括信息意识、信息知识、信息能力、信息道德几个方面。

（1）信息意识是人们在信息活动中产生的认识、观念和需求的总和，主要包括对信息重要性的认识、对信息的内在需求以及对信息所具有的特殊的、敏锐的感受力和持久的注意力。

信息意识首先是对信息重要性的认识，我们正处在一个信息时代，信息在我们每个人的学习、工作和生活中都产生了深远的影响，每个人对信息的需求都是巨大的。目前世界上影响力最大、市值最高的公司中就有许多与信息行业相关，如美国的谷歌公司，谷歌公司成立于 1998 年，业务包括互联网搜索、云计算、广告技术等。由于人们需要获取各种各样的信息，并在互联网上使用搜索引擎进行查找，搜索引擎在现代社会中占据了重要地位。其中谷歌搜索引擎是全球使用人数和使用次数最多的搜索引擎，谷歌公司是全球最大的搜索引擎公司。同样地，乘着信息时代的东风，中国的百度公司成为全球最大的中文搜索引擎公司，百度公司的创始人李彦宏说，1999 年是百度诞生的最好的时机，现在无论是谁都无法再做一个百度出来。

信息意识还要求人们对信息具有敏锐的察觉力和持久的注意力，从平常或者细微之处唤醒信息意识，开动脑筋思考，并持之以恒地进行跟踪，从而挖掘出更多信息。

（2）信息知识是指一切与信息有关的理论、知识和方法，主要包括传统文化素养、信息常识和现代信息技术知识三方面。其中，传统文化素养是指一个人读、写、算的能力，阅读是获取信息的基本能力，尤其是如果掌握了快速阅读的技巧，在信息时代的海量信息中就能迅速获得有价值的信息，而精确阅读能将隐含在信息中的重点抓住，从而获取更多有用的信息。写作能力和计算能力能帮助一个人对信息进行加工和表达，在信息知识中也是必不可少的。信息常识也称信息的基本知识，包括信息的基本理论知识，对信息、信息化、信息化社会对人类的影响的认识和理解，以及信息的方法与原则等。现代信息技术知识包括现代信息技术的原理、作用、发展及其未来，其中计算机软硬件、多媒体、网络的应用是现代信息技术知识必备的方面。

（3）信息能力是指通过各种渠道获取、处理信息的能力，包括信息的收集、传输、筛选、分析、评价、加工、处理和应用的整个过程。身处信息时代，如果只是具有强烈的信息意识和丰富的信息常识，而不具备较高的信息能力，是无法有效地利用各种信息工具去收集、获取、加工、处理有价值的信息的，也不能更好地提高学习的效率和质量，无法适应信息时代对未来人才的要求。信息能力是信息时代重要的生存能力，是信息素养的核心，大学生必须具备较强的信息能力，才能在信息社会中更好地生存和发展下去。

信息能力可以再细分为信息捕捉获取能力、信息分析鉴别能力、信息处理加工能力和信息交流表达能力。信息捕捉获取能力即充分了解信息源的分布和途径，知道信息存放的位置，学会获取信息的方法和技术，具备利用检索技术获得所需信息资源的能力。信息分析鉴别能力是指对获取到的信息进行分析筛选，分析其真实性、准确性、有用性和可行性，筛选出其中真实、准确、可用、有价值的信息。信息处理加工能力包括信息分类、信息统计、信息重组、信息编辑和信息存储，这种能力涉及依靠信息使用者的处理加工水平，对信息进行再造利用的过程。信息交流表达能力是指将利用信息所形成的成果或答案，通过一定的形式反映出来，如论文、综述、报告、讲演、讲座等。这种成果表达可以是口头的，也可以是书面的，但必须观点明确、条理清晰。只有交流及表达出来的信息成果被他人理解，才能成为他人进一步探究问题的知识资源。

（4）信息道德也称信息伦理，美国圣克劳德州立大学图书馆工作人员罗伯特·豪普特曼（Robed Hauptman）在 20 世纪 80 年代提出："所有对与信息生产、信息储存、信息访问和信息发布伦理问题相关的研究统称为信息伦理。"信息道德是指涉及信息开发、传播、管理和利用等方面的道德要求、道德准则，以及在此基础上形成的新型道德关系。

在当今社会，网络带来了前所未有的海量信息。这些信息良莠不齐，给人们的观念和行为带来了巨大的影响，对原有的习俗、规范、法律、道德等发出了无声的挑战，对人们的信息伦理道德修养提出了更高的要求。正如在不同的社会时期，人们需要不同的社会行为规范来维持社会的秩序稳定一样，信息化社会需要靠信息道德来约束和规范人们的行为。

总而言之，信息素养的四方面相互联系、相互作用，共同构成一个不可分割的统一整体，其中信息意识是先导，信息知识是基础，信息能力是核心，信息道德是保证。

3. 信息素养教育

信息素养教育，对应的英文为 information literacy instruction，国内学者皮介郑认为："信息素养教育就是以提高人的信息素养为目的的教育活动。具体而言，就是要培养受教育者具备利用包括计算机、网络等信息技术在内的各种方法和手段有效获取、评价和利用信息的能力，使受教育者在信息意识、信息观念、信息知识、信息技能和信息道德等诸方面达到和信息化社会相适应的水准。"

在信息时代，全社会都对信息素养教育投入了更多的关注，不少机构组织、公共图书馆开设了与信息素养教育相关的讲座或培训。开展信息素养教育是时代发展的现实需要，是高等教育人才培养的需要，是终身学习的需要，是培养大学生创新能力的需要，信息素养是其他综合能力的基础，信息素养是胜任工作的条件，因此在大学开展信息素养教育是十分必要的。

目前许多高校开设了名为"文献检索"或"信息检索"的课程，作为大学生的公共基础课或选修课，此类课程就属于信息素养教育的范畴。文献检索课程是我国高校开展信息素养教育的一个重要基地，也是研究、试验、探索和推进信息素养教育的一个重要平台。它在推进我国信息素养教育方面发挥着不可替代的作用，应当得到重视，以便将信息素养的目标定位于一个较高的层次上。因此，大学生们有理由认真地、系统地学习好这门课程，在学习、生活和将来的工作中都能获得具备信息素养所带来的优势。

第二节　信息检索基础知识

文献信息检索指的是将信息按一定的方式组织和存储起来，并根据用户的需要找出有关信息的过程和技术，即为存储和检索两个过程。存储是对大量、无序的一次文献信息收集起来，进行加工、处理，并以科学的方法使之有序化和系统化，为文献信息检索提供有章可循的途径的过程；检索是利用一定的检索工具和检索系统，根据特定的需求，将检索概念转化成检索特征标识，在检索系统中查找文献线索，最后对其进行逐篇筛选，输出所需的文献信息的过程。存储和检索之间的沟通桥梁是检索特征标识，即信息检索语言。

一、信息检索语言

信息检索语言是应文献信息的加工、存储和检索的共同需要而编制的专门语言，是表达一系列概括文献信息内容和检索课题内容的概念及其相互关系的一种概念标志系统，是在文献存储和检索过程中共同使用的语言。其用于描述文献特征，表达检索提问，并使两者能相互沟通。

（一）分类检索语言

分类检索语言是使用分类方法将文献所涉及的学科内容区分、归纳形成类目体系，然后以号码为基本字符，用分类号形式表达类目体系中每一个主题概念的检索语言。分类语言表现形式：分类号（代码）、类目名。

目前，我国广泛使用的《中国图书馆分类法》（以下简称《中图法》）就是一种典型的体系分类语言。《中图法》是新中国成立后编制出版的一部具有代表性的大型综合性分类法，是当今国内图书馆使用最广泛的分类法体系，由国家图书馆《中国图书馆分类法》编辑委员会编撰，初版于1975年出版，目前最新的第五版于2010年出版。《中图法》根据人类社会所有知识的分布范围及图书资料的特点，按照从总到分，从一般到具体的编制原则，确定分类体系。《中图法》可以通过国家图书馆出版社出版的《中图法》图书查询（见图1-3），也可以通过网络查询。有的网站提供了《中图法》的在线查询，点击类目即可分层逐级详细查询，非常方便，此类网站的网址有 https://www.clcindex.com/ 等。

图1-3 《中国图书馆分类法》（第五版）

《中图法》采用英文大写字母和阿拉伯数字相结合的混合号码，并以等级制为标记制度，按照从总到分、从一般到特殊、从低级到高级、从简单到复杂的逻辑次序，逐层展开各门学科知识类目的等级体系，系统地组织文献。

《中图法》全表分为 5 个基本部类，分别为：马克思主义、列宁主义、毛泽东思想、邓小平理论；哲学、宗教；社会科学；自然科学；综合性图书。在 5 个基本部类中，社会科学和自然科学部类分别再扩展出多个大类，《中图法》全表一共扩展出 22 个大类（见表 1-1）。此外，《中图法》还包括了 6 个总论复分表，30 多个专类复分表，40000 余条类目。

表 1-1 《中国图书馆分类法》的体系结构

基本部类	分类号	类目名
马克思主义、列宁主义、毛泽东思想、邓小平理论	A	马克思主义、列宁主义、毛泽东思想、邓小平理论
哲学、宗教	B	哲学、宗教
社会科学	C	社会科学总论
	D	政治、法律
	E	军事
	F	经济
	G	文化、科学、教育、体育
	H	语言、文字
	I	文学
	J	艺术
	K	历史、地理
自然科学	N	自然科学总论
	O	数理科学和化学
	P	天文学、地球科学
	Q	生物科学
	R	医药、卫生
	S	农业科学
	T	工业技术
	U	交通运输
	V	航空、航天
	X	环境科学、安全科学
综合性图书	Z	综合性图书

《中图法》的22个大类分别用22个英文大写字母来标记分类号,因为工业技术(T)大类下的内容较多,因此在此大类下,除采用复分表标记的T-0至[T-9]分类号外,再采取"T"加一位英文大写字母的方法来标记下级分类号(见表1-2)。

表1-2 工业技术(T)大类的下级分类号

分类号	类目名
T-0	工业技术理论
T-1	工业技术理论与发展
T-2	机构、团体、会议
T-6	参考工具书
[T-9]	工业经济
TB	一般工业技术
TD	矿业工程
TE	石油、天然气工业
TF	冶金工业
TG	金属学与金属工艺
TH	机械、仪表工业
TJ	武器工业
TK	能源与动力工程
TL	原子能技术
TM	电工技术
TN	无线电电子学、电信技术
TP	自动化技术、计算机技术
TQ	化学工业
TS	轻工业、手工业
TU	建筑科学
TV	水利工程

《中图法》22个大类下再细分下位类,层层隶属、逐级展开构成逻辑体系,在以英文大写字母为首的分类号后,再添加阿拉伯数字来进一步细分类目,并在每三位阿拉伯数字处加点间隔,以使得分类标记更为明晰。以"R 医药、卫生"为例,其分类层级结构如图1-4所示。

```
R   医药、卫生
  R-0  一般理论
  R-1  现状与发展
  R-3  医学研究方法
  R1   预防医学、卫生学
  R2   中国医学
  R3   基础医学
  ……
  R9   药学
     R91  药物基础科学
        R911  药物数学
        ……
        R914  药物化学
           {R914.1}  药物分析
           R914.2  药物设计
           R914.3  无机药物化学
           R914.4  有机药物化学
           R914.5  有机合成药物化学
        ……
     R92  药典、药方集（处方集）、药物鉴定
     ……
```

图 1-4 《中图法》R 类逐级展开的逻辑体系

（二）主题检索语言

主题检索语言又叫描述性检索语言，是用反映文献主题内容的自然语词作为检索标识来表达文献的各种属性的概念，具有表达能力强、标引文献字节、专指度深等特点。主要包括关键词语言、标题词语言、单元词语言和叙词语言四种，应用较多的是关键词语言和叙词语言。

1. 关键词语言

关键词是从文献题目、文摘或正文中提取出来的具有实质意义，能代表文献主题内容的词汇。关键词语言是自然语言，其优点是便于检索者使用，能够准确检索到含有新出现概念的文献；缺点是因为关键词往往由作者自己选定，或由计算机自动从文中抽取，因此，会因词的形式不同、拼法不同或近义词、同义词等原因造成文献分散在各种不同表述的关键词下，不能集中，会降低文献的查准率。关键词语言不是规范化的语言。

2. 叙词语言

叙词语言是指将从自然语言中精选出来的、经过严格处理的词语作为文献主题标识，通过概念组配方式表达文献主题的主题语言。叙词是经过规范化处理的、以基本概念为基础的表达文献主题的词汇。

（三）代码检索语言

代码检索语言是将事物的某一特征用某种代码系统来加以标引和排列的检索语

言，如字母、符号、数字、图形等，可得到唯一性的所需资料。

二、信息检索方法与程序

（一）信息检索方法

1. 常用法

（1）顺查法：以研究课题的起始年代为起点，由远及近，逐年查找，直至最近期为止。

（2）倒查法：针对研究课题，从最近期向早期回溯，直至查获适量切题文献信息为止。

（3）抽查法：针对研究课题，重点对某一时间段进行检索。

2. 追溯法

追溯法是利用已有文献（尤其是评述性论文或有关专著）后面所附的参考文献，进行逐一地追溯查找原文的一种检索方法。

3. 综合法

综合法是常用法与追溯法相结合的一种检索方法。利用检索工具或检索系统进行常规检索，再利用文献后所附参考文献进行追溯检索，分期分段交替使用这两种方法，直到满足要求为止。

（二）信息检索的程序

信息检索的程序是指根据课题的要求，选择相应的信息检索工具或系统，采用适当的途径和技术，查找所需文献的过程。

1. 分析研究课题，明确课题概念

明确检索课题的类型，分析检索课题是检索程序的第一步。分析检索课题主要是要明确检索的主题内容和研究要点，明确检索目的、要求和检索的范围，同时明确检索课题对查新、查全和查准的要求。课题分析得越全面、越准确、越具体，掌握的线索就越多，查验所需信息的准确性就越大。

2. 选择检索工具，确定检索策略

根据课题主题和涉及的学科范围选择恰当的检索工具或系统。一般选择数据库应遵循以下原则：

（1）根据检索所需文献类型确定所需数据库的类型。

（2）根据检索课题的专业范围选择数据库。

（3）根据记录来源选择数据库。

（4）根据熟悉程度选择数据库。

选择检索工具后，需要考虑的是确定检索方法和检索途径。数据库的检索途径，一般包括分类、主题、作者、标题、出处、序号以及代码等。

3. 确定检索技术，生成检索式

通过对课题的研究，确定检索词，即基于特定检索系统的功能将课题分析的检索项转化为可被系统识别的检索标识，如作者姓名、主题词、关键词、分类号等，将选定的检索词根据相应的逻辑关系加以有机组合，形成检索式。

4. 实施检索，并调整检索策略

通过以上检索式，实施检索，获取文献线索，根据课题的需求，及时分析检出文献数量及其与课题相关程度的大小。通过对检索结果的评价来考察检索策略，对结果不满意的，需要重新调整和修改检索策略，直至满意为止。

5. 筛选检索结果，索取原始文献

索取原始文献是文献检索的最终目的。通过反复调整的检索策略获得检索结果，需要对其进行评判、筛选，再根据选中文献的线索或链接获取所需文献全文或部分信息，利用各种图书馆的馆藏目录或各种联合目录获取原文，有时候可以根据全文检索系统直接获取全文。

三、信息检索的技术

（一）布尔逻辑检索

利用布尔逻辑运算符将检索词或代码组配成检索式，计算机将提问式与系统中的记录进行匹配，两者相符时则命中，并自动输出该文献记录。布尔逻辑检索是现代信息检索系统中最常用的一种方法。其常用的运算符有以下三种。

（1）逻辑与：用 AND 或 "*" 表示，表示概念之间相交关系的运算，可以缩小检索范围，有利于提高查准率。逻辑与的逻辑表达式为 A And B 或者 A*B，其意义为检索记录中必须同时含有检索词 A 和 B 的文献，才算命中文献。逻辑与的检索范围小，专指性强，如图 1-5 所示。

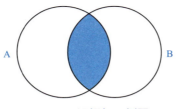

图1-5　逻辑与示例图

（2）逻辑或：用OR或"+"表示，表示概念之间并列关系的运算，可以扩大检索范围，防止漏检，提高查全率。逻辑或的逻辑表达式为：A OR B 或者 A+B，其意义为检索记录中凡含有检索词A或检索词B，或同时含有检索词A和B的，均为命中文献。逻辑或的检索范围扩大，提高了查全率，如图1-6所示。

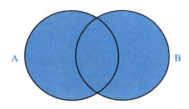

图1-6　逻辑或示例图

（3）逻辑非：用NOT或"-"表示，表示概念之间排除关系的运算，可以缩小检索范围，提高查准率。逻辑非的逻辑表达式为：A NOT B 或者 A-B，其意义为检索记录中含有检索词A，但不能含有检索词B的文献，才算命中文献。逻辑非在一个大的检索范围中排除了某个不需要的检索词，缩小了检索范围。如图1-7所示。

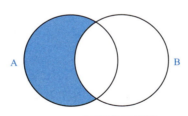

图1-7　逻辑非示例图

（二）截词检索

截词检索是通过截断某个检索词的一个局部进行的检索，并认为凡满足这个词局部中的所有字符（串）的文献，均为命中文献。通过截断的位置可将截词分为前方截断、后方截断和中间截断三种。不同系统所用的截词符也不同，常用的有"？""$""*""%"等。其中常用"*"表示无限截断（一个截词符可表示多个字符），用"？"表示有限截断（一个截词符只代表一个字符，且最多不超过四个）。

此外，信息检索的技术还有限定字段检索、位置检索、加权检索、短语检索、聚类检索、扩展检索等。

第三节　信息道德与法律

一、信息道德

信息道德是调节信息创造者、信息服务、信息使用者之间相互关系的行为规范的总和。其作为信息管理的一种手段，与信息政策、信息法律有密切的关系，可实现对信息及信息行为的规范和管理，促进各种信息活动的正常进行。其内容随着信息技术的发展不断丰富。

信息道德修养则要求每个运用信息技术的人要采取一种负责任的、诚实的方式，在获取、处理发布信息的时候，不损害他人、社会和公众的利益。

二、学术规范

学术规范指学术共同体内形成的进行学术活动的基本伦理道德规范，或者根据学术发展规律制定的有关学术活动的基本准则。既是一种他律，又是一种自律，既是对学术活动的规范，又是对学术资源的规范，涉及的问题十分广泛。主要包括：学术研究规范、学术引用规范、学术评审规范、学术批评规范、学术管理规范和学术道德规范等。

三、学术不端行为

学术不端行为是指科学研究和学术活动中的各种造假、抄袭、剽窃和其他违背学术活动公序良俗的行为。

中国科协 2007 年发布的《科技工作者科学道德规范》明确定义 7 种学术不端行为：弄虚作假，抄袭，一稿多投，干扰和妨碍他人，参与或与他人合谋隐匿学术劣迹，不公正的评审，以学术团体、专家的名义参与商业广告宣传。

四、信息法律

信息法律是对信息活动中的重要问题进行调控的法律措施，这些措施涉及信息系统、处理信息的组织和对信息负有责任的个人等。信息法律的主要内容包括知识产权法（专利法、著作权法、商标法等）、信息安全法、信息公开法、信息获取和信息消费法律、信息传播法律、新闻出版与传播法、电信法、电子商务法（电子签名与数字认证法等）、有关计算机犯罪的法律等。

其中，著作权是指作者和其他著作权人对文学、艺术和科学工程作品所享有的各项专有权利，分为著作人身权和著作财产权。著作权自作品创作完成之日起产生，在中国实行自愿登记原则。

（一）著作人身权

著作人身权是作者对其作品享有的与人格和身份相联系的而无直接财产内容的专有权利，包括了公开发表权、姓名表示权、修改权及保护作品完整权（禁止他人以扭曲、变更方式，利用著作损害著作人名誉的权利）。除发表权外，其他终身享有。

（二）著作财产权

著作财产权是无形的财产权，是基于人类知识所产生的权利，故属知识产权的一种，是作者对其作品的自行使用和被他人使用而享有的以物质利益（经济收益）为内容的权利。著作财产权的内容具体包括复制权、发行权、出租权、展览权、表演权、放映权、广播权、信息网络传播权、摄制权、改编权、翻译权、汇编权以及应当由著作权人享有的其他权利。

著作财产权和著作人身权的发表权有保护期的限制，一般为作者终生及其死亡后 50 年，截止于作者死亡后第 50 年的 12 月 31 日。

在信息资源共享日益成为潮流的今天，每个人都应遵循一定的信息伦理与道德准则，以此来规范自身的信息行为，提升信息道德素养、遵守学术规范、杜绝学术不端行为，尊重他人的学术成果，尊重知识产权，合理合法地使用信息资源，是体现信息素养的一个重要指标。

第二章
常见中文数据库检索与利用

第一节　中国知网（CNKI）数据库检索与利用

一、中国知网（CNKI）数据库简介

国家知识基础设施（national knowledge infrastructure，NKI）的概念，由世界银行提出于 1998 年。中国知网，全称中国知识基础设施工程（China national knowledge infrastructure，CNKI），是以实现全社会知识资源传播共享与增值利用为目标的信息化建设项目，由清华大学、清华同方发起，始建于 1999 年 6 月。CNKI 工程集团经过多年努力，采用自主开发并具有国际领先水平的数字图书馆技术，建成了世界上全文信息量规模最大的"CNKI 数字图书馆"，并正式启动建设《中国知识资源总库》及 CNKI 网格资源共享平台，通过产业化运作，为全社会知识资源高效共享提供最丰富的知识信息资源和最有效的知识传播与数字化学习平台。

CNKI 工程的具体目标，一是大规模集成整合知识信息资源，整体提高资源的综合和增值利用价值；二是建设知识资源互联网传播扩散与增值服务平台，为全社会提供资源共享、数字化学习、知识创新信息化条件；三是建设知识资源的深度开发利用平台，为社会各方面提供知识管理与知识服务的信息化手段；四是为知识资源生产出版部门创造互联网出版发行的市场环境与商业机制，大力促进文化出版事业、产业的现代化建设与跨越式发展。

CNKI 系列数据库包括中国期刊全文数据库、中国优秀硕士学位论文全文数据库、中国博士学位论文全文数据库、中国重要会议论文全文数据库、中国重要报纸全文数据库等多个大型全文数据库。其中中国期刊全文数据库（CAJD）是世界上最大的连续动态更新的中国学术期刊全文数据库，是"十一五"国家重大网络出版工程的子项目，是《国家"十一五"时期文化发展规划纲要》中国家"知识资源数据库"出版工程的重要组成部分。以学术、技术、政策指导、高等科普及教育类期

刊为主，内容覆盖自然科学、工程技术、农业、哲学、医学、人文社会科学等各个领域。收录国内学术期刊 8000 种，全文文献总量 5400 万篇。产品分为十大专辑：基础科学、工程科技Ⅰ、工程科技Ⅱ、农业科技、医药卫生科技、哲学与人文科学、社会科学Ⅰ、社会科学Ⅱ、信息科技、经济与管理科学。十大专辑下分为 168 个专题。

二、常用检索方式

CNKI 为用户提供文献检索、知识元检索、引文检索以及出版物检索四种基础分类检索功能，提供初级检索、高级检索、专业检索、作者发文检索、句子检索等检索方式，同时提供跨库检索和单库检索功能，每种数据库进行单库检索时根据具体类型，检索方式有所变化。

（一）初级检索

CNKI 主页界面上端提供初级检索功能，也叫一框式检索（图 2-1）。初级检索是默认在"跨四库"中进行检索的，即在学术期刊、博硕士学位论文、会议论文和报纸四个数据库中对检索词进行检索。

图 2-1　CNKI 初级检索界面

点击数据库前"☐"可以自定义选择数据库类型，若呈"☑"状态则表示选中该数据库。用户可根据需要选择在不同检索字段（表2-1）中进行检索。初级检索方式采用智能检索技术，自动切分词组和句子，快速响应用户检索需求，实现精确检索。因初级检索结果较为宽泛，查准率不够高，有时需采用初级检索的二次检索功能（图2-2）。

表2-1 CNKI检索字段说明

字段名称	字段说明
主题	检索篇名（也作"题名"）、关键词、摘要中出现检索词的文献
关键词	检索关键词中出现检索词的文献
篇名	检索篇名中出现检索词的文献
全文	检索全文（包括主题、篇名、关键词、作者、正文等全部内容）中出现检索词的文献
作者	检索某作者发表的文献
单位	检索某单位发表的文献
摘要	检索摘要中出现检索词的文献
被引文献	检索被其他文献引用的文献
中图分类号	按照中国图书馆分类法中的学科分类号检索文献
文献来源	按照文献出版来源名称（如期刊名）检索文献

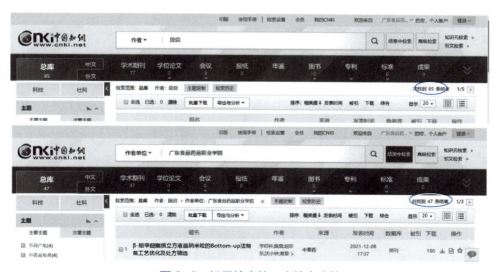

图2-2 初级检索的二次检索功能

第二章 常见中文数据库检索与利用

（二）高级检索

点击 CNKI 首页初级检索框右侧的高级检索，直接进入高级检索界面（图 2-3）。高级检索提供多项双词逻辑组合检索、双词频控制的检索功能，查准率高，适用于专指性强的课题检索。"多项"是指用户可根据需要通过点击检索项左侧的"+"或"-"来自由增加或减少检索项；"逻辑组合"是指每一检索项之间可使用逻辑与、逻辑或、逻辑非进行项间组合；"双词"是指每组检索项提供两个输入框供输入两个检索词，两个检索词之间也可进行逻辑组合。

图 2-3　CNKI 高级检索界面

用户根据需要通过多项双词逻辑组合制定检索策略，在此基础上再输入其他检索限定条件如作者、作者单位、发表时间、文献来源、支持基金等完成高级检索。

（三）专业检索

进入高级检索界面后，点击上方"专业检索"可进入专业检索界面（图 2-4）。专业检索比高级检索功能更强大，但需要检索人员根据系统的检索语法编制检索式进行检索。适用于熟练掌握检索技术的专业检索人员。

专业检索中支持多个检索字段的检索，用大写英文字母表示，如 SU 代表主题、TI 代表题名、KY 代表关键词等，可在检索框下面提示查找或进入检索框右侧的"专业检索使用方法"查询。专业检索使用的运算符有逻辑与（AND）、逻辑或（OR）、逻辑非（NOT）、字符串（str）、自然数（N）、数值（value）；条件运算符有 =、%、$、#、/SUB、/SEN、/NEAR、/PREV、/AFT、/PRG，可对检索条件进行详细说明。此外，可用"（ ）"符号将表达式按照检索目标组合起来，用以改变运算优先顺序；截词符号"？"代表一个字符，"*"代表任意字符。

需要注意的事项：

（1）所有符号和英文字母，都必须使用英文半角字符。

（2）所有运算符（包括"AND""OR""NOT"）前后需要空格，但"="和"%"例外。

（3）"AND""OR""NOT"运算符大小写均可，但其他运算符字母均要求大写。

（4）使用"同句""同段""词频"时，需用一组西文单引号将多个检索词及其运算符括起：如'流体 # 力学'。

图 2-4　CNKI 专业检索界面

（四）其他检索

1. 作者发文检索

通过作者姓名、单位等信息，查找作者发表的全部文献及查看文献被引用及下载情况。

2. 句子检索

通过输入两个关键词，查找同时包含着两个检索词的句子和/或段落。

3. 出版物检索

出版物检索主要针对想了解期刊来源的用户。检索某个期刊的文献，包括期刊的来源类别、期刊名称等组合检索。在初级检索页面点击输入框右侧的"出版物检索"，即可进入到出版物检索页面（图 2-5）。

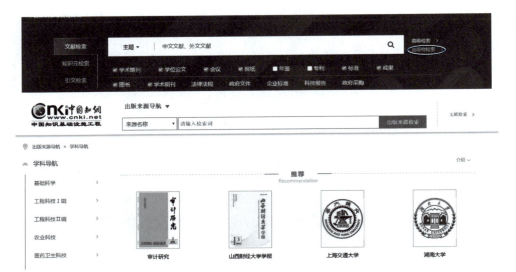

图 2-5　出版物检索页面

三、检索结果的输出

CNKI 检索结果界面左侧提供检索结果的文献类型、资源类型、学科分类、文献来源、关键词等的数据统计结果，用户可根据需求对其进行选择。

检索结果右侧提供分组浏览功能，用户可按需要选择主题、发表年度、研究层次、作者、机构和基金等分组情况。同时 CNKI 可通过相关度、发表时间、被引次数、下载次数对文献检索结果进行排序，也可查看中文文献、英文文献的检索结果，以及所检出的文献的总数。此外，显示的界面还提供文献管理功能，可对选中的文献进行参考文献的导出和计量可视化分析。

以上共同的检索结果输出以后，CNKI 具体文献的检索结果有列表、摘要和全文三种输出形式。

（一）列表输出

执行检索后，检索结果首先以列表形式显示，每页默认显示 20 篇文献（可自行修改为 10 篇或 50 篇），每篇文献提供题名、作者、来源期刊、发表时间、数据库、被引次数、下载量等信息（图 2-6）。

（二）摘要输出

在列表输出界面可点击切换到摘要，即可查看摘要输出界面，每页默认显示

20 篇文献（可自行修改为 10 篇或 50 篇），每篇文献提供题名、作者、来源期刊、发表年份、数据库、摘要、被引频次、下载频次、发表时间等信息（图 2-7）。

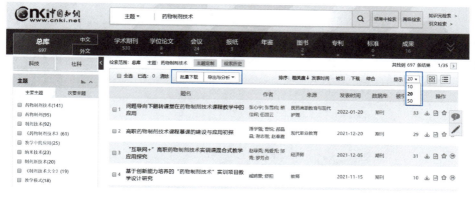

图 2-6　CNKI 检索结果 – 列表输出界面

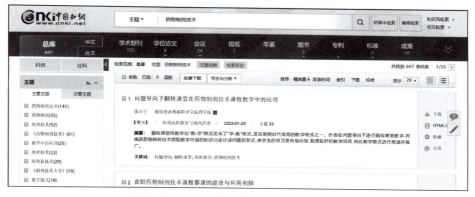

图 2-7　CNKI 检索结果 – 摘要输出界面

（三）全文输出

用户可在列表或摘要输出界面，点击进入选中文献的详情页（图 2-8）。CNKI 提供了 CAJ 和 PDF 两种全文输出格式，CAJ 格式需要安装 CNKI 自有的全文浏览器 CAJ Viewer 来阅读，而 PDF 格式可通过通用的 Adobe Acrobat Reader 来阅读。另外 CNKI 也提供 HTML 在线阅读功能，用户可在线阅读后，根据需要再选择是否需要对选中文献进行下载保存。

每一篇文献具有唯一的详情页，详情页提供题名、作者、作者单位、摘要、关键词、分类号、来源期刊、发表年份、期刊 ISSN 码、下载频次、引文网络、参考引证图谱、参考文献等信息。

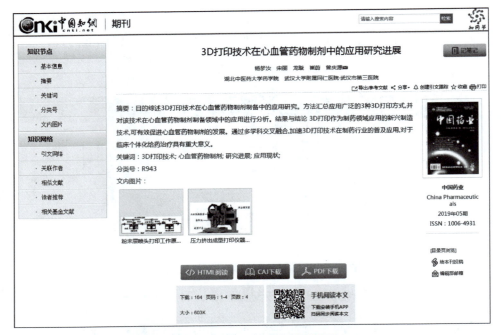

图 2-8　CNKI 检出文献详情页

（四）参考文献的输出

利用 CNKI 文献管理功能，可快速输出参考文献。点击需要导出参考文献前的"☐"，使其呈"☑"状态，即表示选中文献，点击题名上方的"导出/参考文献"或右下角弹框"已选文献"→"导出/参考文献"，即弹出文献管理中心页面（图 2-9），用户可根据自己需要选择格式引文。

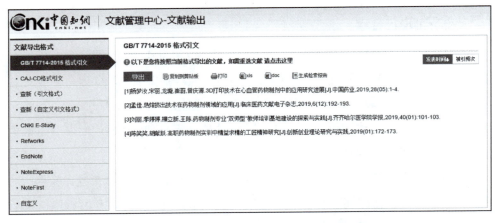

图 2-9　CNKI 文献管理中心－文献输出界面

四、检索训练

训练一：初级检索

采用初级检索方式，检索作者为"丁立"的期刊文章一共有多少篇。

步骤：登录 CNKI 主页，在上方检索框前选择检索项"作者"，输入检索词"丁立"，点击检索。

训练二：高级检索

采用高级检索方式，检索作者"孙芸"发表在"中国医院药学杂志"上，且题目中含有"姜黄素"的期刊文章。

步骤：选择单库——期刊数据库检索，进入高级检索界面，选择检索项"篇名"，输入检索词"姜黄素"，在检索项"作者"处输入"孙芸"，在检索项"来源期刊"处输入"中国医院药学杂志"，点击检索。

训练三：专业检索

采用专业检索方式，检索钟南山作为第一作者发表的有关"非典"方面的文章，写出检索式。

步骤：进入专业检索界面，在检索框输入检索式"FI= 钟南山 and（TI= 非典 OR AB= 非典）"，点击检索。

第二节　万方数据知识服务平台

一、万方数据知识服务平台简介

万方数据资源系统是由中国科技信息研究所、万方数据集团公司联合开发的网上数据库联机检索系统。万方数据知识服务平台整合数亿条全球优质知识资源，集成期刊、学位、会议、科技报告、专利、标准、科技成果、法规、地方志、视频等十余种知识资源类型，覆盖自然科学、工程技术、医药卫生、农业科学、哲学政法、社会科学、科教文艺等全学科领域，实现海量学术文献统一发现及分析，支持多维度组合检索，适合不同用户群研究。

万方数据知识服务平台具有中国学术期刊数据库、中国学位论文数据库、中外标准数据库、国内外文献保障服务数据库、NSTL 外文文献数据库和科技报告数据库等多个数据库，特色的资源库有中国地方志数据库、中国机构数据库和科技专家数据库。

其中，学术期刊数据库是万方数据的重要组成部分，资源包括中文期刊和外文期刊。其中中文期刊共 8000 余种，核心期刊 3200 种左右，涵盖了自然科学、工程技术、医药卫生、农业科学、哲学政法、社会科学、科教文艺等各个学科；外文期刊主要来源于外文文献数据库，收录了 1995 年以来世界各国出版的 20900 种重要学术期刊。

二、常用检索方式

万方数据库为用户提供初级检索、高级检索、专业检索等检索方式，同时提供跨库检索和单库检索功能。此外，万方数据库还提供万方检测、万方分析、万方选题等许多其他服务功能。

（一）初级检索

万方数据库主页界面上端提供初级检索功能（图 2-10）。初级检索是默认在跨库（囊括全部资源类型）中进行检索的，用户可根据需要通过检索框上方的期刊、学位、会议、专利、科技报告、成果、标准、法规、地方志、视频的选择来实现不同资源类型（单库）和范围的检索。

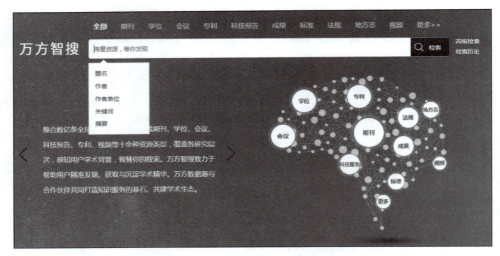

图 2-10　万方数据库初级检索界面

点击检索框，出现可检索字段的选择，用户可根据需要在题名、作者、作者单位、关键词、摘要中进行选择，确定检索字段后，输入检索词，进行检索。用户也可直接输入检索词，系统默认在全文中进行检索。

（二）高级检索

点击万方数据库首页初级检索框右侧的高级检索，直接进入高级检索界面（图2-11）。高级检索提供多项多词逻辑组合检索的检索功能。"多项"是指用户可根据需要通过点击检索项左侧的"+"或"-"来自由增加或减少检索项；"逻辑组合"是指每一检索项之间可使用逻辑与、逻辑或、逻辑非进行项间组合；"多词"是指每组检索项可在对应的检索框内输入多个检索词，检索词之间可进行逻辑组合。

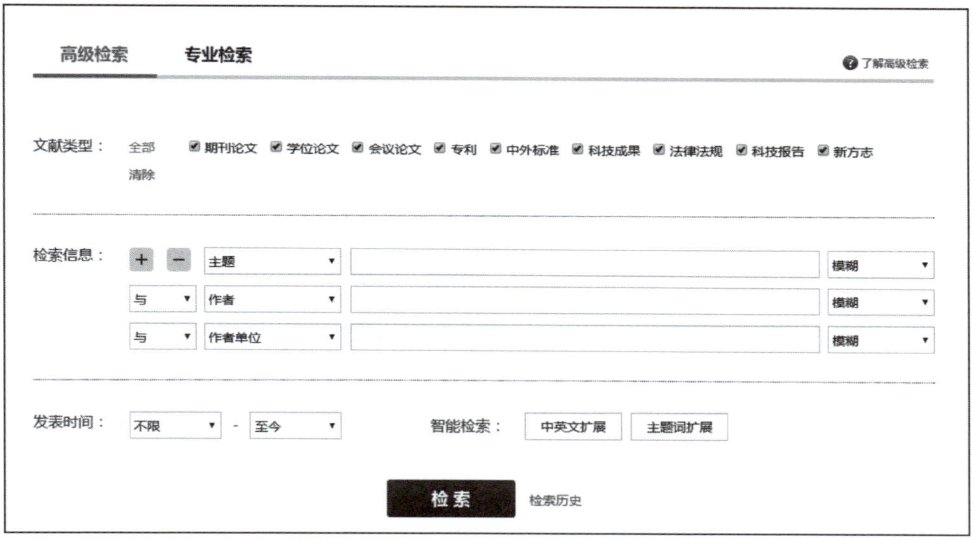

图 2-11　万方数据库高级检索界面

用户首先对文献类型范围进行选择，然后根据需要通过多项多词逻辑组合制定检索策略，最后输入限定条件"发表时间"的范围，完成高级检索。由于不同的文献类型所具有的特征不同，所以选择不同文献类型万方数据库提供的检索字段也会有所不同，选择的文献类型越多，可选择的检索字段越多。

高级检索还提供检索历史的查阅，保留登录系统后30天的检索记录，用户可对检索历史进行清除、导出、订阅、删除的操作。

（三）专业检索

进入高级检索界面后，点击上方"专业检索"可进入专业检索界面（图2-12）。

万方数据库的专业检索同样需要检索人员根据系统的检索语法编制检索式进行检索，适用于熟练掌握检索技术和检索语言的专业检索人员。

专业检索中支持多个检索字段的检索（图 2-13），用中文字符直接表示，其中使用的运算符有逻辑与（and/*）、逻辑或（or/+）、逻辑非（not/^），特别注意

图 2-12 万方数据库专业检索界面

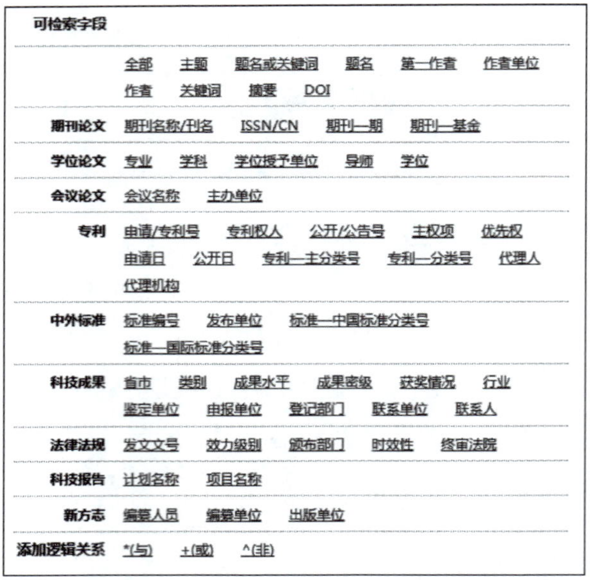

图 2-13 万方数据库专业检索可检索字段

的是，不同的数据库布尔逻辑运算符的符号有所不同。可用"（）"符号将表达式按照检索目标组合起来，用以改变运算优先顺序，其中运算符的优先级为：（）＞ not ＞ and ＞ or，运算符建议使用英文半角输入形式。此外，双引号（""）标识精确检索，引号中词作为整体进行检索，用户可根据需要选择精确或模糊检索。

万方数据库的专业检索还提供"教你如何正确编写表达式"的功能，对于初次接触或者还没有熟练掌握检索技术的用户，可以通过这个功能掌握正确编写检索式的方法，更快、更准确地找到所需文献。

（四）其他功能

1. 万方数据文献相似性检测服务

万方数据文献相似性检测服务采用科学先进的检测技术，实现海量学术文献数据全文比对，为用户提供精准翔实的相似性检测结果，呈现多版本、多维度的检测报告。同时，万方数据文献相似性检测服务也为科研管理、教育教学、出版发行、人事管理等各领域的学术个体或学术机构提供学术成果相似性检测服务。

2. 万方分析

万方分析为用户提供主题、学者、机构、学科、期刊、地区六个维度的统计分析，可视化展示结果，进行个性化对比分析和智能化文献推荐。主题分析主要探究主题领域知识脉络变化，用数据支撑主题研究；学者分析主要追踪专家学者科研动向，把握研究前沿及未来风向；机构分析主要掌握教育院所科研发展现状，用数据助力机构科研管理；学科分析目的是洞悉学科领域发展态势，用数据指引学科发展建设；期刊分析旨在了解期刊论文指标变化，揭示期刊影响力及发展趋势；地区分析用以把握省市地区学术发展状况，用数据赋能区域学术合作。

3. 万方科研选题评估分析

万方选题的功能主要是利用数据挖掘算法、知识关联技术深度挖掘中外文海量学术资源，揭示学科研究热点与新兴研究前沿，帮助科研人员快速把握选题方向、客观评估选题价值，为科研立项、论文选题等科研过程提供专业化支撑服务。

三、检索结果的输出

万方数据库检索结果界面左侧提供检索结果的资源类型、学科分类、年份、语种、来源数据库、作者、机构等的数据统计结果，用户可根据需求对其进行选择。

检索结果右侧提供研究趋势和相关热词的查看。

检索结果中部展示检索结果，可通过相关度、出版时间、被引次数对文献检索结果进行排序，也可选择检出文献的获取范围，以及显示所检出的文献的总数。此外，显示的界面同样提供文献管理功能，可对选中的文献进行参考文献的导出以及结果分析，也可单独在每篇文献信息下方对文献进行在线阅读、下载、导出参考文献、收藏以及分享的操作。

以上共同的检索结果输出以后，万方数据库具体文献的检索结果有摘要、题录和全文三种输出形式。

（一）摘要输出

执行检索后，检索结果默认以摘要形式显示，每页显示 20 条结果（可自行修改为 30 条、50 条），每篇文献提供题名、作者、数据库、来源期刊、发表时间、摘要、关键词等信息（图 2-14）。

图 2-14　万方数据库检索结果 – 摘要输出界面

（二）题录输出

用户可根据需要，从摘要形式输出切换到题录形式输出。每页默认显示 20 条结果（可自行修改为 30 条或 50 条），每篇文献提供题名、作者、数据库、来源期刊、发表时间、被引频次、下载频次等信息（图 2-15）。

图 2-15　万方数据库检索结果－题录输出界面

（三）全文输出

用户可在摘要或题录输出界面，点击进入选中文献的详情页（图 2-16）。万方数据库文献全文输出格式为 PDF 格式，可通过通用的 Adobe Acrobat Reader

图 2-16　万方数据库检出文献详情页

来阅读。同时,万方数据库也提供在线阅读功能,用户可在线阅读后,根据需要再选择是否需要对选中文献进行下载保存。

每一篇文献具有唯一的详情页,详情页提供题名、作者、作者单位、摘要、关键词、分类号、来源期刊、发表年份、卷(期)、所属期刊栏目、在线出版日期、页数、页码、相关文献、媒体资源等信息。

(四)参考文献的输出

利用万方数据库的导出功能,可快速输出参考文献。单独获取某一篇文献的参考文献信息,直接点击文献下方的"导出"按钮,弹出参考文献格式界面,由于文献导出默认展示"导出文献列表"页面,用户需自行选择点击"参考文献格式"界面,获取参考文献。

若要快速获取多篇参考文献,点击需要导出参考文献的文献前"□",使其呈"☑"状态,即表示选中文献,点击第一篇文献上方的"导出"或任意一篇文献下方的"导出"按钮,即弹出参考文献格式界面(图2-17),用户可根据自己需要选择格式引文。

图2-17　万方数据库参考文献输出界面

四、检索训练

训练一:初级检索

采用初级检索方式,检索题名含"白背三七"的期刊文章。

步骤：登录万方数据库主页，在上方检索框选择检索项"题名"，输入检索词"白背三七"，点击检索。

训练二：在结果中检索

在训练一的检索结果基础上，检索同时关键词为"化学成分"的期刊文章。

步骤：在训练一的检索结果界面检索框下方，找到"结果中检索"前的"关键词"对应的检索框，输入"化学成分"，点击检索。

训练三：高级检索

采用高级检索方式，检索作者"丁立"发表的主题关于"药物制剂"的期刊文章。

步骤：进入高级检索界面，文献类型选择"期刊论文"，检索项选择"主题"，输入检索词"药物制剂"，在检索项"作者"处输入"丁立"，点击检索。

训练四：专业检索

采用专业检索方式，检索作者"丁立"发表的主题关于"药物制剂"的期刊文章。

步骤：进入专业检索界面，在检索框输入检索式"作者:（丁立）* 主题:（药物制剂）"，点击检索。

第三节　维普资讯中文期刊服务平台

一、维普资讯中文期刊服务平台简介

维普资讯中文期刊服务平台（http://qikan.cqvip.com/）是由重庆维普资讯有限公司开发的维普网（www.cqvip.com）旗下的产品之一，也称"中文科技期刊数据库"。该数据库诞生于1989年，累计收录期刊15000余种，现刊9000余种，文献总量6800余万篇。目前该数据库被纳入国家长期保存数字战略计划，成为中国学术文献资源保障体系的重要组成部分。

二、常用检索方式

维普资讯中文期刊服务平台为用户提供初级检索、高级检索、检索式检索三种检索方式。

（一）初级检索

维普资讯中文期刊服务平台主页界面上端提供初级检索功能（图2-18）。初级检索是默认在全部期刊资源中进行检索的，用户可根据需要通过左侧检索框的检索字段，在任意字段、题名或关键词、摘要、作者、第一作者、机构、分类号、参考文献、作者简介、基金资助、栏目信息等字段中进行选择，确定检索字段后，在文本框输入检索词，进行检索。用户选择任意字段输入检索词，系统默认在全文中进行检索。初级检索一般适用于简单课题的检索。

图2-18　维普资讯中文期刊服务平台初级检索界面

（二）高级检索

点击维普中首页初级检索框右侧的高级检索，直接进入高级检索界面（图2-19）。高级检索提供多项逻辑组合检索的检索功能。"多项"是指用户可根据需要通过点击检索项右侧的"+"或"-"来自由增加或减少检索项，系统默认提供三组检索框；"逻辑组合"是指每一检索项之间可使用逻辑与、逻辑或、逻辑非进行项间组合。

用户根据需要通过多项逻辑组合制定检索策略，然后进行限定条件的选择，如"时间限定"限定期刊文献出版的年份区间，以及更新时间，如一个月内、三个月内、半年内、一年内和当年内；以及期刊范围和学科范围的选择，点击检索即完成高级检索。

高级检索界面还提供同义词扩展功能，在字段后的文本框内输入检索词，点击"同义词扩展"，可以查看检索词所对应的所有同义词。

图 2-19　维普资讯中文期刊服务平台高级检索界面

（三）检索式检索

进入高级检索界面后，点击上方"检索式检索"可进入检索式检索界面（图 2-20）。维普的检索式检索相当于 CNKI 或万方数据库的专业检索，用户根据系统的检索语法编制检索式进行检索，适用于熟练掌握检索技术和检索语言的专业检索人员。

图 2-20　维普资讯中文期刊数据库检索式检索界面

检索式检索中检索框上方提供检索说明，提示使用的运算符有逻辑与（AND/and/*）、逻辑或（OR/or/+）和逻辑非（NOT/not/-），可用"（）"符号将表达式按照检索目标组合起来，用以改变运算优先顺序。检索字段 U= 任意字段、M= 题名或关键词、K= 关键词、A= 作者、C= 分类号、S= 机构、J= 刊名、F= 第一作者、T= 题名、R= 文摘。用户根据检索课题，自行编写检索式，接着对时间跨度、期刊范围和学科范围进行限定，即可进行检索。

维普的检索式检索提供"查看更多规则"的功能，对于初次接触或者还没有熟练掌握检索式的用户，可以通过这个功能掌握查看更多正确编写检索式的方法，更快、更准确地找到所需文献。

三、检索结果的输出

维普资讯中文期刊服务平台的检索结果界面左侧提供二次检索（见图 2-21），即在结果中检索。该功能提供了对复杂课题的进一步检索的方法。在左侧选择检索字段，输入检索词，可以选择在结果中检索或者在结果中去除，前者相当于"逻辑与"的组合检索，后者相当于"逻辑非"的组合检索。

图 2-21　维普资讯中文期刊服务平台二次检索界面

检索结果页面左侧二次检索下方还可对检索结果的年份、学科、期刊收录、主题、期刊和作者进行二次选择，缩小检索结果。

检索结果页面中部展示检索结果，可通过相关度、被引量和时效性对文献检索结果进行排序。该界面同样提供文献管理功能，可对选中的文献进行参考文献的导出以及结果分析，在部分文献信息下方可对文献进行在线阅读、下载 PDF 的操作。

以上共同的检索结果输出以后，维普资讯中文期刊服务平台具体文献的检索结果有文摘、详细、列表和全文四种输出形式。

（一）文摘输出

执行检索后，检索结果默认以文摘形式显示，每页显示 20 条结果（可自行修改为 50 条、100 条），每篇文献提供题名、作者、来源期刊、发表时间、页码和页数、摘要、关键词等信息（图 2-22）。

图 2-22　维普资讯中文期刊服务平台检索结果 - 文摘输出界面

（二）详细输出

用户可根据需要，从文摘形式输出切换到详细形式输出。每页默认显示 20 条结果（可自行修改为 50 条或 100 条），每篇文献提供题名、作者、机构、出处、发表时间、页码和页数、文摘、关键词、分类号等信息（图 2-23）。

（三）列表输出

用户也可根据需要，从文摘形式输出切换到列表形式输出。每页默认显示 20 条结果（可自行修改为 50 条或 100 条），每篇文献提供题名、作者、出处、发表年份等信息（图 2-24）。

（四）全文输出

用户可在检索结果界面，直接点击文献标题进入选中文献的详情页（图 2-25）。

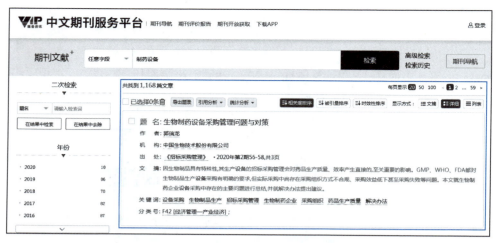

图 2-23　维普资讯中文期刊服务平台检索结果－详细输出界面

图 2-24　维普资讯中文期刊服务平台检索结果－列表输出界面

维普文献全文输出格式为 PDF 格式，可通过通用的 Adobe Acrobat Reader 来阅读，但不是全部文献都提供全文下载。同时，维普也提供在线阅读功能，用户可在线阅读后，根据需要再选择是否需要对选中文献进行下载保存。

每一篇文献具有唯一的详情页，详情页提供题名、摘要、作者、作者单位、来源期刊、发表年份、卷（期）、页数、页码、基金、关键词、分类号以及相关文献等信息。

图 2-25　维普资讯中文期刊服务平台检出文献详情页

（五）参考文献的输出

利用维普资讯中文期刊服务平台的导出功能，可快速输出参考文献。在检索结果界面点击需要导出参考文献前的"□"，使其呈"☑"状态，即表示选中文献，点击第一篇文献上方的"导出题录"即弹出导出题录界面（图 2-26），用户可根据需要选择格式引文，如文本、查新格式、参考文献、XML 等。

图 2-26　维普资讯中文期刊服务平台导出题录输出界面

四、检索训练

训练一：初级检索

采用初级检索方式，检索题名或关键词含"心律失常"的期刊文章。

步骤：登录维普资讯中文期刊服务平台主页，在上方检索框选择检索项"题名或关键词"，输入检索词"心律失常"，点击检索。

训练二：二次检索

在训练一的检索结果基础上，检索刊名为"中国药房"的期刊文章。

步骤：在训练一的检索结果界面左侧二次检索区域，选择刊名，输入检索词"中国药房"，点击"在结果中检索"即可。

训练三：高级检索

采用高级检索方式，检索作者"屠呦呦"发表的主题关于"青蒿素"的期刊文章。

步骤：点击初级检索界面检索框右侧的"高级检索"，进入高级检索页面，选择检索项"题名或关键词"，输入检索词"青蒿素"，在第二行检索项"作者"处输入"屠呦呦"，两个检索项之间逻辑关系为"逻辑与"，点击检索。

训练四：检索式检索

采用检索式检索方式，检索作者"屠呦呦"发表的主题关于"青蒿素"的期刊文章。

步骤：进入检索式检索界面，在检索框输入检索式"A=屠呦呦 AND M=青蒿素"，点击检索。

第四节 中国生物医学文献服务系统

一、中国生物医学文献服务系统简介

中国生物医学文献服务系统（SinoMed）（http://www.sinomed.ac.cn/）由中国医学科学院医学信息研究所/图书馆研制，整合了中国生物医学文献数据库（CBM）、中国生物医学引文数据库（CBMCI）、西文生物医学文献数据库（WBM）、北京协和医学院博硕学位论文库（PUMCD）等多种资源，是集文献检

索、引文检索、开放获取、原文传递及个性化服务于一体的生物医学中外文整合文献服务系统，于 2008 年首次上线服务。

SinoMed 收录的范围包括以下几个数据库

1. 中国生物医学文献数据库（CBM）

收录 1978 年至今国内出版的生物医学学术期刊 2900 余种，其中 2019 年在版期刊 1890 余种，文献题录总量 1080 余万篇。全部题录均进行主题标引、分类标引，同时对作者、作者机构、发表期刊、所涉基金等进行规范化加工处理；2019 年起，新增标识 2015 年以来发表文献的通讯作者，全面整合中文 DOI（数字对象唯一标识符）链接信息，以更好地支持文献发现与全文在线获取。

2. 中国生物医学引文数据库（CBMCI）

收录 1989 年以来中国生物医学学术期刊文献的原始引文 2000 余万篇，经归一化处理后，引文总量达 640 余万篇。所有期刊文献引文与其原始文献题录关联，以更好地支持多维度引文检索与引证分析。

3. 西文生物医学文献数据库（WBM）

收录世界各国出版的重要生物医学期刊文献题录 2900 余万篇，其中协和馆藏期刊 6300 余种，免费期刊 2600 余种；年代跨度大，部分期刊可回溯至创刊年，全面体现协和医学院图书馆悠久丰厚的历史馆藏。

4. 北京协和医学院博硕学位论文库（PUMCD）

收录 1981 年以来北京协和医学院培养的博士、硕士的学位论文全文，涉及医学、药学各专业领域及其他相关专业，内容前沿丰富。

5. 中国医学科普文献数据库（CPM）

收录 1989 年以来近百种国内出版的医学科普期刊，文献总量达 43 万余篇，重点突显养生保健、心理健康、生殖健康、运动健身、医学美容、婚姻家庭、食品营养等与医学健康有关的内容。

二、常用检索方式

SinoMed 为用户提供文献检索、引文检索、期刊检索、原文索取等四种基础检索功能，其中文献检索又提供快速检索、高级检索、主题检索和分类检索等四种检索方式，同时提供跨库检索和单库检索功能，系统首页默认进行文献检索，本文着重介绍文献检索的四种检索方式。

（一）快速检索

SinoMed 主页界面提供快速检索功能，见图 2-27 所示。快速检索是默认在全部数据库中进行检索的，用户可根据需要选择单库检索，如中文文献对应中国生物医学文献数据库（CBM），西文文献对应西文生物医学文献数据库（WBM），博硕论文对应北京协和医学院博硕学位论文库（PUMCD），以及科普文献对应中国医学科普文献数据库（CPM），然后在检索框输入检索词，即可检索。用户也可点击上方"文献检索"，进入快速检索途径，见图 2-28。

图 2-27　SinoMed 主页

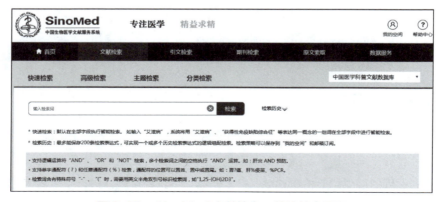

图 2-28　SinoMed 文献检索 – 快速检索界面

快速检索默认在全部字段中进行检索，并对检索词自动进行同义词匹配检索，在右上方进行单库或者跨库选择。同时快速检索支持逻辑运算符"AND""OR"和"NOT"检索，多个检索词之间的空格执行"AND"运算。支持单字截词（？）和任意截词（％）检索，截词的位置可以置首、置中或置尾。检索词含有特殊符号"-""("时，需要用英文半角双引号标识检索词，如"1,25-(OH)2D3"。如需查看检索历史，用户需要注册登录该服务系统。

（二）高级检索

点击 SinoMed 首页快速检索框右侧的高级检索，直接进入文献检索的高级检索界面（图 2-29），也可点击文献检索进入检索界面，再选择上方高级检索。高级检索提供多字段、多布尔逻辑关系组配、多种限定关系组合的检索方式。

图 2-29　SinoMed 文献检索 - 高级检索界面

不同的数据库提供的检索字段不同，以 CBM 为例，CBM 提供常用字段、全部字段、核心字段、中文标题、英文标题、摘要、关键词、主题词、特征词、分类号、作者、第一作者、通讯作者、作者单位、第一作者单位、通讯作者单位、地区、刊名、出版年、期、ISSN、基金等 22 个检索字段。其中常用字段为中文标题、摘要、关键词和主题词组成;核心字段为中文标题、关键词和主题词组成。

用户首先构建表达式:选择检索字段、输入检索词,用布尔逻辑关系对多个检索字段进行逻辑组合,可以通过"+""-"增加或减少检索项。如果需要进行优先级运算,可勾选检索项最左侧"优先"前的"□",使其呈"☑"状态。系统提供检索词的智能检索功能,可实现检索词及其同义词(含主题词)的扩展检索。所构建的表达式会自动形成检索式,显示在最上方的方框内。

然后根据需要选择限定检索条件。系统可以限定年代范围、文献类型、年龄组、性别、对象类型、其他等六个条件,通过限定条件缩小检索范围、提高查准率。如果变换数据库则限定条件也会随之变化,所以在进行检索之前,要首先选定检索数据库,然后构建表达式、再选择限定检索条件,最后再点击"检索"按钮执行检索。

(三)主题检索

点击上方"主题检索"可进入主题检索界面(图2-30)。主题检索是基于主题概念去检索文献的检索途径,有利于提高查全率和查准率,SinoMed 进行主题标引和主题检索的依据是美国国立医学图书馆《医学主题词表(MeSH)》中译本以及《中国中医药学主题词表》。

图 2-30 SinoMed 文献检索 – 主题检索界面

采用主题检索，用户可以在文本框处输入中/英文主题词或其片段，支持多个主题词的同时检索，可采用布尔逻辑运算符"AND""OR"和"NOT"进行组合。点击查找后，会出现主题词列表，在列出的款目词和主题词中选择最确切的主题词进入主题词注释详细页面。该页面显示该主题词可组配的副主题词、主题词的详细解释和该词所属的树形结构，用户根据检索需要，选择是否添加副主题词、是否加权检索以及是否扩展检索。加权检索即检索带"*"号的主题词，可提高检索结果的相关性；扩展检索是选择该主题词及其下位词进行检索的。用户选择完毕，点击"发送到检索框"即可完成检索。用户也可直接通过右侧的"主题导航"，浏览主题词树查找需要的主题词。

（四）分类检索

点击上方"分类检索"可进入分类检索界面（图 2-31）。SinoMed 文献分类标引和检索的依据是《中国图书馆分类法·医学专业分类表》，从文献所属的学科角度进行查找，能提高族性检索效果。

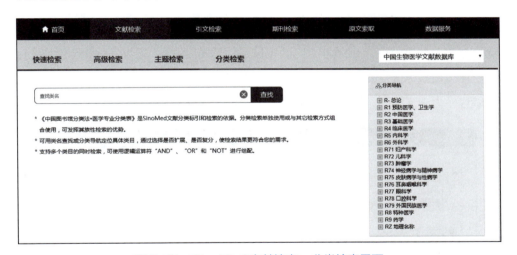

图 2-31　SinoMed 文献检索 - 分类检索界面

用户在文本框内直接输入"类名"，点击查找，在列出的所有分类名中选择需要的分类名。在分类词注释详细列表页面中，显示该分类可组配的复分号、详细解释和所在的树形结构。用户根据需要进行选择，同样可以选择是否"扩展检索"，最后点击"发送到检索框"，点击分类检索，即可进行检索。用户也可直接通过页面右侧的"分类导航"，浏览分类词树查找需要的分类号。

（五）其他检索途径

1. 引文检索

在 SinoMed 页面上方点击"引文检索"即可进入引文检索页面（图 2-32）。引文检索支持从常用字段、被引文献题名、被引文献主题、被引文献作者、被引文献第一作者、被引文献出处、被引文献机构、被引文献第一机构、被引基金等途径查找参考文献，提供用户所检索课题在生物医学领域的被引用情况。用户还可限定文献的施引年代以及引文发表年代。

图 2-32　SinoMed 文献检索 – 引文检索界面

2. 期刊检索

在 SinoMed 页面上方点击"期刊检索"即可进入期刊检索页面（图 2-33）。期刊检索支持从刊名、出版地、出版单位、期刊主题词、ISSN 等途径查找期刊，也可通过检索框下方的"期刊导航"中的"首字母导航"逐级查找浏览期刊。期刊导航也分为中文期刊、西文期刊以及科普期刊三个类别。

图 2-33　SinoMed 期刊检索界面

三、检索结果的输出

SinoMed 检索结果界面左侧提供检索结果的来源、主题、学科、时间、期刊、作者、机构、基金、地区、文献类型、期刊类型等，用户可根据需求对其进行选择，进而缩小检索范围，增加查准率。统计结果下端显示详细检索表达式，用户可在该区域进行修改，编写检索式，进行进一步的检索，详情见图 2-34。

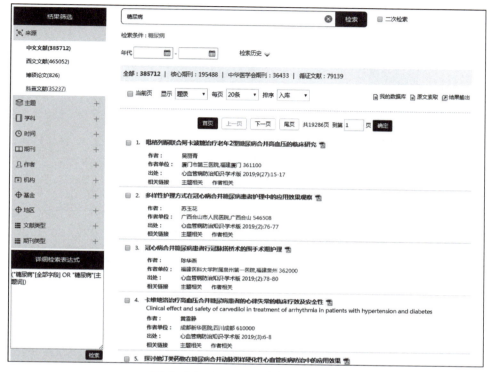

图 2-34 SinoMed 检索结果界面

检索结果右侧最上端提供二次检索功能，直接在文本框输入进一步检索的检索词，选择期刊年代范围的限定，勾选二次检索前的"□"，使其成"☑"状态，再点击检索按钮即可完成二次检索。SinoMed 检索结果提供分组浏览功能，用户可按需要全部文献、核心期刊、中华医学会期刊以及循证文献等四个分组情况进行浏览。同时 SinoMed 可通过入库、年代、作者、期刊、相关度、被引频次对文献检索结果进行排序。

以上共同的检索结果输出以后，SinoMed 具体文献的检索结果有题录、文摘、全文和参考文献四种输出形式。

（一）题录输出

执行检索后，检索结果首先以题录形式显示，每页默认显示 20 篇文献（可自行修改为 50 篇或 100 篇），每篇文献提供题名、作者、作者单位、出处、相关链接、全文链接等信息（图 2-35）。

图 2-35　SinoMed 检索结果 – 题录输出界面

（二）文摘输出

在显示"题录"处可点击切换到"文摘"，即可查看文摘输出界面，每页默认显示 20 篇文献（可自行修改为 50 篇或 100 篇），每篇文献提供题名、流水号、作者、作者单位、摘要、出处、关键词、相关链接、全文链接等信息（图 2-36）。

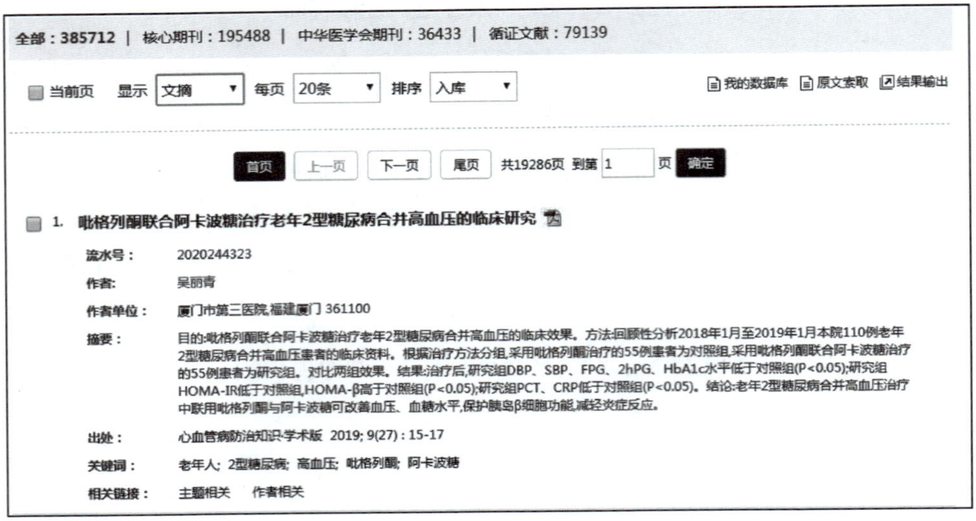

图 2-36　SinoMed 检索结果 – 文摘输出界面

（三）全文输出

用户可在题录或文摘输出界面，点击进入选中文献的详情页（图 2-37）。SinoMed 提供了文献的 PDF 的全文输出格式，PDF 格式可使用通用的 Adobe Acrobat Reader 来阅读。用户点击题名末端的"PDF"图标即可下载全文（在题录或文摘输出界面的题名末端同样可以点击"PDF"图标下载全文）。

图 2-37　SinoMed 检索结果 – 全文输出界面

每一篇文献具有唯一的详情页，详情页提供题名、流水号、作者、作者单位、出处、ISSN、国内代码、关键词、摘要、学科分类号、主题词、特征词、参考文献、施引文献、共引相关文献、主题相关文献和作者相关文献等信息。

（四）参考文献输出

利用 SinoMed 题录或文摘输出界面的"结果输出"功能，可快速输出参考文献。点击需要导出参考文献前的"□"，使其呈"☑"状态，即表示选中文献，点击题名上方右侧的"结果输出"按钮，在弹出框内（图 2-38）选择输出方式、输出范围、保存格式（选择参考文献），即可输出选中的参考文献。

四、检索训练

训练一：快速检索

图 2-38　SinoMed 检索结果 – 参考文献输出界面

采用快速检索方式，在 CBM 中检索与"糖尿病"相关的期刊文献。

步骤：

第一种方法：登录 SinoMed 主页，在上方检索框前选择数据库为"中文文献"，在文本框内输入"糖尿病"，点击检索。

第二种方法：登录 SinoMed 主页，在上方菜单栏选择"文献检索"，在右侧选择"中国生物医学文献数据库"，在文本框输入"糖尿病"，点击检索。

训练二：高级检索

采用高级检索方式，检索 2017 ~ 2021 年间，发表的关键词为"糖尿病"和"白内障"的综述文献。

步骤：选择文献检索—高级检索，进入高级检索界面，在构建表达式处选择检索项"关键词"，输入检索词"糖尿病"，在第二个检索项处选择逻辑关系"AND"，检索字段选择"关键词"，输入检索词"白内障"，在限定条件年代处选择"2017-2021"，在文献类型处勾选"综述"。

操作完成后可在界面上方看到系统自动构建检索式""糖尿病"[关键词:智能] AND"白内障"[关键词:智能]"，限定条件显示"2017-2021；综述"，查看无误后，点击检索。

第三章
图书检索与利用

第一节　现代图书馆

一、现代图书馆概述

现代图书馆是按照图书馆的发展阶段划分出来的，第二次世界大战以后，新技术革命催生了大批新的技术，这些新技术特别是计算机技术在图书馆的应用，成为了现代图书馆的主要标志。此外，现代图书馆的出现还以图书馆"服务"理念的转变作为标志。

1. 馆藏文献类型多样化

第二次世界大战后，出版事业迅速发展，现代图书馆的馆藏范围进一步扩展，从图书和手稿发展到期刊、报纸、缩微文献、声像资料以及大量的其它非书资料等。而计算机技术的发展，使馆藏理念从"收藏"到"获取"进行转变。

2. 文献处理手段的变化

计算机技术的引入，使传统的卡片式目录逐步被机读目录所替代；网络文献的收藏，使元数据被开发用于处理馆藏的网络文献。

3. "服务"的核心理念

为了适应网络时代信息的需求特点，现代图书馆改变了传统的信息资源的生产、存储、传递和利用模式，变被动服务方式为主动服务方式，类似阅读推送、信息发布这种主动服务的推出，更新了图书馆的服务形象，反映了传统图书馆在适应网络环境中的角色转换。

二、图书馆的职能与作用

图书馆的职能是指图书馆这一机构的功能与作用，一般分为：收藏与利用、传递与教育、情报与服务、文化与娱乐等。

1. 收藏与利用

图书馆的基本职能是收集、整理人类的知识记录，并对其进行存储，以提供利用。图书馆的文献收藏可分为三个部分：一是对知识记录的载体进行选择、收集；二是对文献的物理载体进行加工、整理、存储、转化；三是对知识记录的物理载体进行传递与利用。

2. 传递与教育

图书馆是文献传递的中介机构，其作用是通过图书馆对于知识、信息、文献的加工整理工作来体现的。图书馆工作的实质是转换文献信息，实现文献的价值。传统的方式是由读者到图书馆查找文献而实现的，随着技术的发展，电子文献传递成为了新的选择。图书馆的教育职能是通过图书馆的馆藏文献来进行的，用户通过对图书馆文献的利用，实现自我教育。图书馆一方面向读者提供教育的文献资源，另一方面还通过向读者提供学习环境实现教育职能。

3. 情报与服务

图书馆针对性地向用户提供他们需要的文献，以及为实现情报传递而对文献进行深层次揭示和分析研究。图书馆传递的情报一般指的是科技情报，为适应社会发展需要，图书馆也开设了各种形式的情报服务，如定题服务、竞争情报、科技查新服务等。

4. 文化与娱乐

图书馆的本质是向大众提供文化知识，也可在悠闲中学习文化知识，在文化知识中享娱乐。图书馆进行文化与娱乐活动，不单是在文化上增长读者的见识，更能帮助读者活跃思维，丰富视野，是读者自身的迫切需要，也是 21 世纪学习型社会的内涵引申。从图书馆的文化与娱乐功能，可以看出一个地区的文明程度和经济发展水平。文化与娱乐将成为现代图书馆综合评价的新标志。提高全民族思想道德修养和文化水平，是国家赋予图书馆的社会责任，而文化与娱乐功能恰是图书馆的"及时雨"，图书馆为读者提供娱乐活动，就是为读者提供一片精神的栖息地。

第二节　电子图书

现代信息技术不仅带来了图书馆工作环境与服务手段的变化，同时也使图书馆发生了形与质的转变，呈现出以下发展趋势：馆藏结构多元化、服务形式多样化、信息资源数字化、工作内容标准化、资源共享网络化、馆员素质专家化等。因此图书馆也在传统图书馆、自动化图书馆、数字图书馆、复合图书馆、图书馆联盟的发展进程中螺旋上升。

一、电子图书概述

数字图书馆是以现代信息技术为依托，以分布式海量数字化信息资源库为基础，不受地理位置和时空限制，以求最大限度地满足用户个性化需求的虚拟图书馆，其实质就是把实体图书馆馆藏的各种信息数字化以后，按照一定的标准和规范进行重新加工和组织，形成一个知识库。

电子图书也称数字图书或 eBook，是纸介图书的数字化表现形式。电子图书自 20 世纪 80 年代初开始出现。1981 年出现的 *The Random House Electronic Thesaurus* 被认为是世界上第一本可用于商业目的的电子图书。1995 年，最大的网上书店 Amazon.com 开始通过互联网销售可本地打印的图书。1998 年，在 Comdex98 上，电子图书作为又一个即将兴起的消费类电子热点产品，受到了广泛的关注。

二、电子图书的特点

电子图书具备获取与携带方便、易于检索和交互、个人定制、使用方便和灵活的特点。用户可以在互联网购买并下载电子图书，在一个很小的电子设备（重约 600g）中就能够包含大量的阅读材料（一般在 5000 页以上）。可以查找特定的词汇、定义或其他参考性材料；可以方便地插入书签，并在书中做笔记；可以连接互联网，与作者和其他读者交流等。用户可根据需要随意订制电子图书，购书时也可以只购买需要的部分，可以是一部著作中的一章，也可以是来自不同著作的章节。

三、电子图书的阅读方式

电子图书可以利用专用阅读器，其模样与一个笔记本电脑的屏幕非常像，大小也相当于我们日常看到的平装书，通过使用支持同时显示精密图文的技术，整个屏幕就像打印在玻璃上的书页。这种阅读器不仅具有输入功能，可在书上做标注，还具有通信功能。还可用 PC 屏幕阅读，如我们习惯使用的 PDF 文件、微软的 Reader 格式等。

第三节　超星数字图书馆

超星数字图书馆（http://book.chaoxing.com/）是我国第一个商品化的数字图书馆，是在传统图书馆的基础上建立起来的、采用现代高新技术所支持的数字信息资源系统，是国家"863"计划中国数字图书馆示范工程项目。2001年1月，北京世纪超星信息技术发展有限责任公司（简称超星公司）与全国各大图书馆、出版社合作，正式开通了超星数字图书馆。超星电子图书数据将图书分为教育、哲学宗教、综合性图书、计算机通信、自然科学、数理化、文学、历史地理、文化艺术、工业技术、语言文字、经济管理、社会科学、建筑交通和医学共15个大类，目前拥有数字图书140余万种，是国内资源最丰富的数字图书馆，其数据更新快，新书数据上架周期短。丰富的图书资源不仅能够满足不同专业用户的需求，而且能随时为用户提供最新、最全的图书信息，文献服务平台及阅览器。

一、检索途径

超星数字图书馆提供分类检索、快速检索和超星发现检索三种检索途径。

（一）分类检索

用户可直接通过超星数字图书馆首页使用分类浏览找到所需图书（图3-1），在页面左侧"全部分类"的下拉框选择教育、哲学宗教、综合性图书、计算机通信、自然科学、数理化、文学、历史地理、文化艺术、工业技术、语言文字、经济管理、社会科学、建筑交通和医学等15个大类中的具体类目。点击大类，右侧出现子类目，依次点击子类目，就可以检索到所需书目的列表。

检索到的图书资源以列表形式呈现，每一条记录包括书本封面图片、书名、作者、出版日期、总页数等简要信息，部分图书仅提供公共查询服务，不提供全文阅读和下载服务。用户登录后，部分图书提供"网页阅读""阅读器阅读"和"下载本书"三种功能链接，点击相应链接将直接启动超星浏览器（SS-Reader）阅读或下载指定图书，如图3-2所示。

（二）快速检索

在超星数字图书馆首页上方，显示快速检索栏，提供"全部字段""书名""作者"三个检索字段的选择（图3-3）。在快速检索栏输入框输入检索词，选定检索

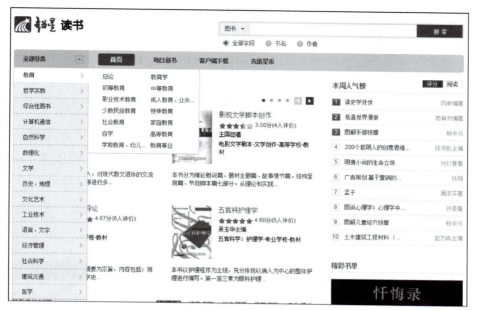

图 3-1 超星数字图书馆分类检索

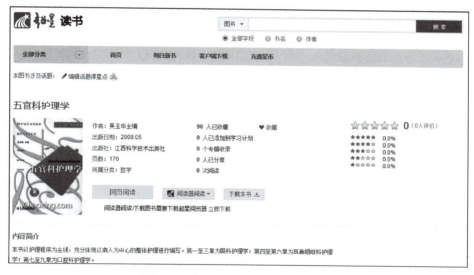

图 3-2 超星数字图书馆图书详情页

图 3-3 超星数字图书馆快速检索

字段，点击搜索，即可进行图书查找。

（三）超星发现检索

超星发现检索是超星公司新推出的综合检索平台，检索界面简洁，在超星所有网页中最上端均提供超星发现检索栏（图3-4）。检索方式与百度搜索类似，检索结果展示有期刊、图书、学位论文、会议论文、报纸、专利、文史、学术图片、期刊概览、图书概览、视频、标准、慕课、新闻、诗词、试题库、故纸堆、课件、诉讼案例、企业名录和法律法规等21个分类。用户可根据需要对检索词进行自定义的分类选择（图3-5），但需先登录超星数字图书馆，成为图书馆用户。

图3-4　超星数字图书馆超星发现检索

图3-5　超星数字图书馆超星发现检索－自定义检索

科技文献检索

二、超星阅读器

超星阅读器（SS-Reader）是超星公司推出的一款超星网电子书阅读及下载管理的客户端软件。通过软件可以方便地阅读超星网的图书，并可以下载到本地阅读，软件集成书签、标记、资源采集、文字识别等功能。

（一）产品特点

1. 便捷操作

针对图书在 PC 机上的阅读特点专门设计的阅读操作界面，可以很方便地翻页、放大缩小页面、更换阅读背景等。

2. 下载阅读

软件支持下载图书离线阅读，并支持其它图书资料导入阅读，支持的图书资料文件格式有 PDG、PDZ、PDF、HTM、HTML、TXT 等多种常用格式。

3. 功能强大

支持在图书原文上做多种标注及添加书签，并可以导出保存；可高速下载图书，有便捷的图书管理，可手动导入导出图书；可识别图片文字；可进行图书文本编辑；提供多种个性化设置。

4. 快速导航

软件内嵌数字图书馆资源列表，囊括超星网所有图书（超过 40 万种），可以更方便准确地查找图书。本地图书馆列表方便您管理下载的图书。

用户可在超星数字图书馆首页下方找到"工具下载"，点击"pdg 阅读器下载"即可进入下载页面下载最新版本的超星阅读器（截至 2019 年 6 月 3 日，最新版本为 SS-Reader 4.1.5 版）。

（二）超星阅读器 SS-Reader 4.1.5 版的使用

1. 布局

其布局见图 3-6。

顶部（主菜单）：具有超星阅读器所有功能菜单，包括"文件""图书""书签""设置""注册""窗口"和"帮助"。

第二行（窗口）：提供"历史浏览查阅""资源列表"和"超星发现系统"三个窗口的选择，类似于网页窗口，根据用户选择的图书阅读自动新建新窗口，展示图

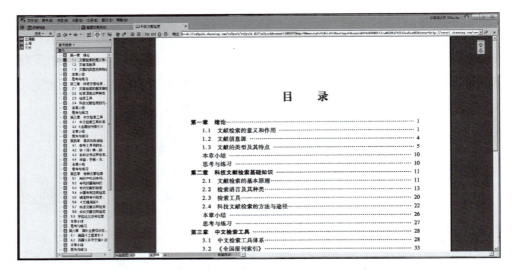

图 3-6　超星阅读器 SS-Reader 4.1.5 版

书详细内容。

第三行（工具栏）：每一个窗口都提供可用的快捷功能供读者选择，包括主页、前进、后退、显示/隐藏章节目录、正常拖动状态、图像文字识别、区域选择、添加书签、翻页、网络地址等功能，将鼠标停在按钮上即可看到功能提示。

中间（展示栏）：具体内容的展示。

底部：可查看或修改文章正在显示的页码，同时对展示框进行缩放或调整展示框的宽和高。

2. 常用功能

（1）阅读书籍。超星数字图书馆提供"网页阅读"和"阅读器阅读"两种阅读模式，用户可根据自身需要选择。使用超星阅读器阅读，提供调整页面大小、前后翻页、移动、文字识别、剪切图像等功能，操作便捷、功能强大。

（2）书签。在需要添加书签的阅读页上方的工具栏选择"添加书签"，输入所需信息即可，随后可通过主菜单"书签"中的列表打开相应页，也可以在"书签管理器"中选择打开图书、管理书签等功能。

（3）下载书籍。选择主菜单"图书"—"下载"，或在图书页面单击鼠标右键选择"下载"，即可下载图书。

（4）资源。为用户罗列了超星图书馆主网站及互联网资源，用户可直接在窗口"超星发现系统"进行超星发现检索。

（5）历史查询。记录用户通过超星阅读器访问资源的历史记录，可直接通过历史浏览进入曾经访问过的界面。

此外，超星阅读器还提供在线交流、搜索、采集等服务，读者可选择"帮助"菜单，查看"超星阅读器使用帮助"。

第四节　图书信息检索

目前，大多数图书馆均采取开放式管理模式，实行"藏、借、阅、咨"一体化的服务方式。为保证馆藏书刊有序陈放到书架上，每一存储区的文献需要按照一定的分类方法进行排架。

一、文献排架概述

文献排架是图书馆按一定的次序将馆藏文献排列存放在书架上的活动，又称藏书排架，用于文献排架的编码称为索书号。排架的方法主要有两大类。一类是内容排架法，即按出版物的内容特征排列文献，包括分类排架法和专题排架法，其中分类排架法使用范围较广；另一类是形式排架法，即按出版物的形式特征排列文献，包括字顺排架法、固定排架法、文献登录号排架法、文献序号排架法、文种排架法、年代排架法和文献装帧形式排架法等，其中字顺排架法、固定排架法和文献登录号排架法较常见。上述各种排架法中，除固定排架法和文献登记号或文献序号排架法可单独用于排列某些藏书外，其他任何一种排架法都不能单独使用。图书馆通常是用由两种以上的排架法组配而成的复合排架法排列馆藏文献；对于不同类型、不同用途的文献采用不同的排架法，如对于图书多采用分类排架法，对于期刊则综合采用多种排架法。

图书馆排序形式主要有分类排序法、字顺排序法（包括著者、题名和主题字顺）、年代排序法、地域排序法和文献序号排序法等。一般目录往往采用一种以上的排序方法，即以一种排序法为主，辅以其他排序方法。

二、图书馆馆藏书目检索

1. 馆藏书目概念

学术界对书目 (bibliography) 的定义有多种描述，我国国家标准对书目的定义为：根据特定要求著录一批相关文献，并按一定顺序编排而成的一种指示与报道文献的工具。它可以是独立的，也可以作为另一文献的附录或一部分。因此，书目不只报道图书，还可包括期刊、报纸等各种类型的文献。

馆藏书目是书目的一种，是图书馆收藏文献资源的目录。它对馆藏资源的形式、内容、载体等特征进行描述，包括书名、期刊名、著者、主题、索书号，乃至摘要等，揭示了图书馆文献收藏地和借阅情况，可供读者多途径地查找所需文献资源。

检索馆藏纸质图书一般先用馆藏书目检索系统进行查询，然后记录索书号到图书存放的地点进行按号索书。

2. 馆藏书目检索系统

馆藏书目检索系统的全称为 OPAC(online public access catalogue)，即联机公共目录查询系统，起源于 20 世纪 70 年代美国大学图书馆和公共图书馆，是读者利用计算机终端来查询基于图书局域网内馆藏数据资源的一种现代化检索方式，通过联机查找为读者提供馆藏文献的线索。OPAC 除了能够满足馆藏书刊查询，还可以提供读者借阅情况查询、新书通报、图书荐购、读者留言等一系列功能。

3. 馆藏书目检索

下面以图书馆 OPAC 为例，进行馆藏书目的检索。

[检索举例] 检索题名含有"制药"的馆藏纸质图书。

分析课题：题名含有"制药"。

选择检索工具：图书馆图书查询系统即 OPAC。

检索步骤：

（1）登录图书馆主页，点击"图书查询"系统进行馆藏纸质图书的查询。

（2）在检索框中选择"所有题名"，然后在检索词中输入"制药"，点击检索。

（3）查看书目信息检索结果，进一步点击查看想借阅图书的详细信息。

（4）记录下索书号，按藏书地点索取馆藏纸质图书。

4. 中国国家图书馆联机公共目录馆藏查询

中国国家图书馆历史悠久，其前身是筹建于 1909 年 9 月 9 日的京师图书馆，1912 年 8 月 27 日正式开馆接待读者，馆舍设在北京广化寺。1916 年正式接受国内出版物的呈缴本，标志着开始履行国家图书馆的部分职能。之后，馆名几经更迭，馆舍几经变迁。1931 年，文津街馆舍落成（现为国家图书馆古籍馆），成为当时国内规模最大、最先进的图书馆,同时也是国家总书库。中国国家图书馆全面收藏国内正式出版物,是世界上入藏中文文献最多的图书馆,同时它也重视国内非正式出版物的收藏,是国务院学位委员会指定的博士论文收藏馆,图书馆学专业资料集中收藏地,全国年鉴资料收藏中心,并特别开辟了香港、台湾、澳门地区出版物专室。中国国家图书馆的外文书刊的收藏始于 19 世纪 20 年代,是国内典藏外文书刊最多的图书馆,同时也大量收藏国际组织和政府出版物,是联合国资料的托存图书馆。此外,也选择性地收藏了部分外文期刊。

中国国家图书馆的公共目录查询使用以色列 Ex Libris(艾利贝斯有限公司)ALEPH 500 系统中的 WEB OPAC 模块,登录国图主页(http://www.nlc.cn,也可使用搜索网站输入"中国国家图书馆"登录国图主页),选择搜索范围为"馆藏目录",然后直接在检索框中输入想要的书刊检索信息进行检索,也可直接点击"馆藏目录检索"进入检索联机公共检索界面。持有国图读者证的用户可选择"读者门户登录注册"(输入账号和密码),登录后可进行馆藏查询、预约、续借等功能,如不登录则只能使用馆藏查询功能(图 3-7)。

图 3-7　中国国家图书馆主页

从国图主页的"馆藏目录检索"进入 OPAC 查询系统,国图的 OPAC 查询系统提供所有字段、正题名、其它题名、著者、主题词、中图分类号、论文专业、论文研究方向、论文学位授予单位、论文学位授予时间、出版地、出版者、丛编、索取号、ISSN 号、ISBN 号、ISRC 号、条码号和系统号等数十种检索字段。系统默认检索为"简单检索"。此外还有"高级检索",其包含"多字段检索""多库检索""组合检索""通用命令语言检索""浏览"和"分类浏览"等 6 种方式。相对而言,"组合检索"的功能适合大多数的用户(图 3-8)。

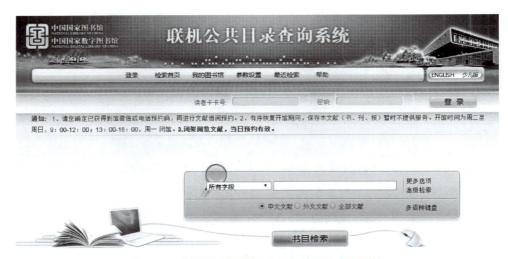

图 3-8　中国国家图书馆联机公共目录查询系统

系统执行检索命令后,分别对每组检索条件反馈其命中的记录数,同时对各组检索条件执行自动"逻辑与"运算,显示相应的命中记录数,若某种检索条件未检出记录,则显示为空白。单击"命中记录数"栏下的数字,可显示检索结果的清单,包括著者、题名、馆藏信息及流通情况等信息,继续单击题名则可进一步查看该书刊的目录信息。如果需要在既有的检索结果基础上进一步检索,则单击"二级检索",再次缩小检索结果。

第五节　图书馆参考咨询服务

一、信息咨询与检索服务

图书馆对信息进行的搜集、组织、揭示等一系列工作的最终目的就是为用户提供信息服务,而信息服务的主要方式就是提供信息检索和参考咨询服务。图书馆的信息检索与咨询服务方式有很多,大体上可以分为以下几种。

1. 导引式服务

导引式服务是指图书馆将所收藏的各类信息进行组织加工后，以用户能够直接使用的各种方式揭示出来，让用户自己能够很方便地检索到自己需要的文献和信息的功能。例如，图书馆的 OPAC 检索、新书导读、新刊通报等服务；又如专业导航服务，它将某些学科或专题范围内的各种信息包括网络资源，经过评估、提炼和加工组织，建成数据库，以 web 页等方式提供给用户检索利用。

2. 一般性咨询

用户到图书馆等文献信息机构或者通过电话、电子邮件等方式提出一些指向性的或者一般性的咨询问题，如某类文献的收藏地点、OPAC 的利用、图书馆所提供服务的指导等，这些问题都比较单纯，解决起来费时不多，一般可以当时给予回答。此类咨询较分散，文献信息机构的各服务部门可以随时给予解答。

3. 专题检索

专题检索是图书馆根据用户的需要，通过检索工具、数据库及网络检索系统为用户查检所需要的文献信息，如为用户检索事实性、数据性资料，获取与某主题相关的信息及线索等。图书馆员通过制定检索策略，利用各种检索手段和检索系统来解决用户的信息检索需求。

4. 定题信息服务

定题信息服务是图书馆根据用户科研课题的特定需要，围绕科学研究和生产项目，进行文献信息的采集、筛选、整合、析取和重组，针对固定用户定期或不定期提供符合个性化需求的最新文献信息的服务。

图书馆定题信息服务围绕所服务的课题范围，追踪其最新研究，定期提供相关信息或综述报告，具有针对性、连续性、时效性、增值性的特点，科研人员能及时地掌握和了解课题的国际最新研究动态。

定题信息服务要求服务的主动性，即主动与用户联系，主动挖掘用户的潜在需求；要求所服务的课题在开题论证、可行性研究、设计、制造和成果的推广及运用的全过程中提供信息服务。开展定题信息服务的基本方法有以下步骤：调查研究—选定课题—文献搜集—析取信息—跟踪综合服务—服务效果检验与反馈。

5. 虚拟参考咨询

用户通过电子方式，如 Email、电子论坛、聊天软件等形式提出问题，图书馆员以电子方式给予解答。近年来虚拟参考服务发展迅速，并成为图书馆参考咨询服务的一个重要发展方向，是传统参考咨询服务的延伸。目前，许多图书馆的网站上设立了虚拟参考咨询台、虚拟参考服务、在线参考服务、电子参考服务等方式，这些系统都能够利用网络实现用户与专业文献信息服务人员之间的互动式服务、实时同步或异步参考服务。

二、科技查新服务

图书馆科技查新服务是针对科研立项、申请专利、成果鉴定等方面的需要，通过计算机检索和手工检索相结合，收集国内外密切相关文献与一般相关信息，进行综合对比分析，提供新颖性、实用性与先进性的文献依据的服务。

1. 科技查新概念

查新是一种基于文献检索和对比分析的信息利用活动，目的是对委托单位（或个人）所提出的科技开发项目、学术研究课题的申请及业已完成的科研项目、课题进行是否具有新颖性、先进性的分析、判断、鉴定。一般是由国家相关部门认定的专门机构（查新工作站）及具有相应查新咨询资质人员，利用信息检索方法提供文献查证结果的一种信息咨询服务工作，可以视为信息检索与信息利用活动的集中呈现。

科技查新工作是我国对科学研究和科技成果实施科学化管理，由科研管理部门提出并委托科技情报机构进行的一项有意义的情报服务工作，是文献信息服务的一项重要内容，也是图书馆信息部门的一项重要职责。

由于科技查新在推进科学进步与发展、促进国民经济增长、研究与开发新技术新产品中，发挥了不可忽视的作用，因此受到国家政府部门的高度重视。多项与科技查新工作有关的法律、法规和政策陆续出台。2000 年科技部制定的《科技查新规范》是最新的查新标准，是查新工作应该遵循的准则。

2. 科技查新的意义

科技查新是为科研立项、成果鉴定、专利申请等提供参考服务的工作，是科研管理、经济管理工作中的决策科学化的一个支持系统，其意义表现如下。

（1）为科研立项提供客观依据。有媒体报道，目前我国的研究项目有 40% 与国外同行重复，并且另外的 60% 的部分国内同行重复又在 20% 以上，科研中的重复研究是我国科技发展滞后的因素之一。更为严重的是，科研重复也造成大量的人力、物力、财力的浪费和损失。而科研立项查新，可以了解国内外有关科学技术的发展水平、研究开发方向、是否已研究开发或正在研究开发、研究开发的深度和广度等，这样才能避免重复立项和低水平立项研究。

（2）支持研究成果鉴定。科研成果查新是申报科研成果奖励的必备条件，是成果鉴定、评估、验收、转化、奖励的重要依据和基础。对一项科研成果的评判，若无查新部门提供可靠的查新报告作为文献依据，单凭专家小组的专业知识和经验，难免会有不公正之处，可能会得出不确切的结论。这样既不利于调动科技人员的积极性，又妨碍成果的推广应用。高质量的查新，结合专家丰富的专业知识，便可防止上述现象的发生，从而保证鉴定、评估、验收、转化、奖励等的权威性和科学性，为科技成果的鉴定等提供客观的文献依据。

（3）为科研人员进行项目研发提供可靠的文献信息。通过科技查新，可节约科研人员的阅读资料时间，提高科研人员的工作效率。据了解，未进行查新前，相当一部分科研人员对其项目的技术信息情况了解不够全面。而查新机构具有丰富的文献信息资源、完善的计算机检索系统、检索技巧非常熟练的查新人员，可以提供全面完善的资料，并能提供文献查找、原文索取的服务，这样就大大节省了科研人员的时间。

3. 科技查新规范

科技查新一般按下列步骤进行。

（1）办理查新登记。由用户到查新咨询部门办理登记手续，提出查新要求，填写机检登记表，与查新人员共同分析课题内容要点。

（2）深入分析课题。确定查新重点，明确方向，选择适当的检索标识、数据库，并设计检索策略。

（3）检索文献。进行国内外文献检索，包括按用户要求提供二次文献或原始文献。对用户所要求解决的关键问题与检出的相关文献进行分析、比较和综合。

（4）撰写查新报告。其内容应包括封面、课题技术要点、采用的检索手段与检索内容、查新结论以及参与查新咨询服务的人员及单位证明。

（5）审核。审核人由查新机构业务资深人员担任，并对查新结论负责。

（6）存档。查新报告及检索过程、结果等文件一式两份，一份交用户，另一份与查新有关的登记表一起存档。

4. 科技查新机构

在我国，科技查新活动起始于 20 世纪 80 年代中期，查新机构的正式认定是在 1990 年。从 1990 年到 1997 年，国家科委分三批授权中国化工信息中心、中国农业科学院科技文献信息中心、中国国防科技信息中心、上海科技情报研究所等 38 家科技信息机构为一级查新单位。其间，各部委、各省科委批准了一大批二级查新机构，如建设部情报所、福建省科技情报研究所等，部分地级市情报机构也批准设立了查新机构，如青岛市情报所等。教育部科技查新工作站是 1992 年之后为规范高校科技查新工作而进行的资格认证，之后于 2003 年、2004 年、2006 年、2009 年、2011 年和 2012 年前后六批次对高校科技查新中心进行了认证，高校被批准设立教育部科技查新工作站的有北京大学、清华大学、复旦大学、中国石油大学（北京）等 84 所。

根据各类查新机构的上级主管部门、受理查新的专业范围，可将我国查新机构大致划分为三大系统：（1）综合性查新机构，包括全国范围、各地区、各省区及一些地市级图书情报机构；（2）专业性查新机构，包括各部委（除教育部外）审批的专业性情报机构；（3）教育部部级的查新机构，包括教育部审批的高校图书馆及专业部（委）审批的各部属高校图书馆。

这些查新机构在提高科技管理与决策的科学化和规范化，减少科研项目重复和科技成果评审失准现象，保证科技成果鉴定、评奖、科技项目的立项等工作的新颖性、科学性、公正和正确性方面发挥了重要作用。

三、馆际互借与文献传递服务

馆际互借服务是图书馆之间或图书馆与其他文献情报部门之间利用对方的文献来满足读者需求的一种服务方式。这种服务方式，有助于实现跨馆、跨城的藏书资源共享。此种方式是为了满足读者的特殊需求，并不能解决读者的一般阅读需要，馆际互借包括本市各高校图书馆之间的馆际借阅。这种服务扩大了读者获取文献信息资源的范围，解决了利用非本馆文献资源的难题，提高了文献保障能力，是文献信息资源共享得以实现的有效方式。

1. 馆际互借与文献传递服务方式

文献传递服务的主要方式有：手工传递，即馆际互借；自动化传递，即利用计算机、传真、电子邮件等信息传递设备，向远距离用户提供文献信息。文献传递是在信息技术的支撑下，从馆际互借发展而来的，具有快速、高效、简便的特点。文献传递的内容主要有图书、期刊论文、会议论文、学位论文、专利、标准及科技报告等。

文献传递服务机构主要包括商业性文献信息服务商，出版社和学术性研究团体，图书馆和文献情报机构，数据库集成开发商及信息代理机构。

2. 中国高等教育文献保障系统

国外主要文献传递服务系统有大英图书馆文献供应中心的 BLDSC 系统，美国联机计算机图书馆中心的 IL Liad 系统，德国教育科研部的 SUBITO 系统。目前国内图书馆的三大文献传递与馆际互借系统，即全国高等院校图书文献保障体系 (CALIS)，中国高校人文社科文献中心（CASHL），国家科技图书文献中心（NSTL），是网络环境下资源共享服务模式的具体体现。其他可提供文献传递与馆际互借的系统与平台还有万方外文文献数据库，超星读秀知识平台，中国国家图书馆（中国国家数字图书馆）。

中国高等教育文献保障系统 (China Academic Library & Information System，简称 CALIS，http://www.calis.edu.cn) 是经国务院批准的我国高等教育"211 工程""九五""十五"总体规划中三个公共服务体系之一。CALIS 的宗旨是，在教育部的领导下，把国家的投资、现代图书馆理念、先进的技术手段、高校丰富的文献资源和人力资源整合起来，建设以中国高等教育数字图书馆为核心的教育文献联合保障体系，实现信息资源共建、共知、共享，以发挥最大的社会效益和经济效益，为中国的高等教育服务（如图 3-9）。

图 3-9　中国高等教育文献保障系统主页

CALIS 管理中心在"十五"期间继续组织全国高校共同建设以高等教育数字图书馆为核心的文献保障体系，开展各个省级文献服务中心和高校数字图书馆基地的建设，进一步巩固和完善 CALIS 三级文献保障体系，为图书馆提供"自定义、积木式、个性化"的数字图书馆解决方案，大力提高 CALIS 综合服务水平，扩大 CALIS 服务范围，为高等教育事业和经济文化科技事业的发展发挥更大的作用，获得更良好的社会效益和经济效益。CALIS 的检索地址为：http://opac.calis.edu.cn/ 和 http://www.yidu.edu.cn。

接下来将从以下三方面进一步详细介绍 CALIS 检索系统。

（1）统一的检索平台。CALIS 提供一个统一的检索平台以供用户检索，该系统旨在针对 CALIS 中心、各个图书馆和数据库运营商中的各种异构数字资源进行整合，为用户提供一种更好的整合检索服务，从而提高资源的利用率。其采用了新型的基于元数据的检索技术，能够对分布在本地和异地的各种异构资源提供统一的检索界面和检索语言。系统可检索的资源类型包括原文、图片、引文、文摘、馆藏、相关文献等。CALIS 统一检索服务平台可提供全方位的检索方式，包括简单检索、高级检索、二次检索等，还支持布尔逻辑检索、相关度检索、全文检索、多种检索运算符以及组合检索（检索表达方式中混用全文和字段模式）、位置检索、英文词根检索等检索运算符；平台还提供了可扩展的词典和知识库，能够为专业用户提供特别的检索服务（如图 3-10）。

（2）馆际互借操作步骤。已在 CALIS 馆际互借成员馆注册的用户，可利用简单检索或者高级检索查询记录，对需要借阅的记录单击"馆藏"列中的"Y"，显示该记录的"馆藏信息"，查看用户所在馆是否有馆藏。如果有馆藏，用户可以到本地图书馆进行借阅；如果没有馆藏，在馆藏列表页面的底端，点击"请求馆际互借"按钮，将弹出"统一认证登录页面"，对于高校读者，在相应的页面中选择要登录的高校，点击"去该馆登录"，在新页面输入用户名和口令；对于直通车用户，直接输入用户名和口令。登录后进入申请信息页面，填写相应的信息后点击"提交"即可发送馆际互借申请。

对于尚未在 CALIS 馆际互借成员馆注册，或所属馆没有安装 CALIS 馆际互借系统的用户，可以在记录显示页面点击"输出"按钮，把记录的信息保存到本地，然后点击"发送 Email"按钮，利用 Email 向本馆的馆际互借员发出馆际互借申请（如图 3-11）。

图 3-10　CALIS 联合目录公共检索系统

图 3-11　馆际互借操作步骤

（3）收费标准。文献传递费用构成部分：文献查询费 + 复制费 + 传递费（加急费 + 邮寄费）。

文献查询费：文献传递服务网内成员馆为 2 元 / 篇，国内文献传递服务网外图书馆为 5 元 / 篇；国外查询文献为 10 元 / 篇。

复制、传递费：从国内 CALIS 协议馆获取文献为 1.00 元 / 页（复印 + 扫描 + 普通传递）；从国内其他图书馆或国外获取文献，按照文献提供馆实际收取的费用结算。

加急费：10.00 元/篇。

注意：需要邮寄的文献所产生的费用由用户自付；CALIS 的收费标准在不同时期可能会有所不同，此标准仅作参考。

第六节　移动图书馆 APP

一、超星移动图书馆

超星移动图书馆是专门针对各大图书馆的特点设计开发的专业移动阅读平台，用户可利用手机、pad 等移动设备，自助完成个人借阅数据查询、馆藏查阅、续借、预约等手续，浏览图书馆最新资讯。其同时拥有超过百万册 E-PUB 格式的电子图书，海量报纸文章以及中外文献元数据供用户自由选择，为用户提供方便快捷的移动阅读服务。在移动端中使用超星移动图书馆 APP 阅读电子图书、报纸杂志，观看公开课程、学术视频，可以获得极佳的阅读体验。同时该 APP 还可以检索中外文图书、期刊、报纸、学位论文、标准、专利等各类学术文献，并且可以通过邮箱接收电子全文（如图 3-12 和图 3-13）。

图 3-12　超星移动图书馆主页

图 3-13　超星移动图书馆设置页

1. 基于元数据的一站式检索

系统应用元数据整合技术，整合了图书馆内外的中外文图书、期刊、报纸、学位论文、标准和专利等各类文献，在移动终端上实现了资源的一站式搜索、学科导航和全文获取服务。

2. 传统与数字服务集成

移动图书馆与图书馆 OPAC 系统无缝对接，时刻处于同步状态，可提供馆藏查询、个人借阅历史查询、图书续借、预约、预借、参考咨询、移动图书馆检索历史记录、浏览历史记录、借书到期提醒、预约和预借通知推送等个性化自助服务。

3. 云服务共享

提供 24 小时资源云传递服务，用户可以输入电子邮箱以接收电子全文。系统接入文献共享云服务的区域与行业联盟已达 78 个，加入的图书馆有 723 家；24 小时内，文献传递请求满足率：中文文献 96% 以上，外文文献 85% 以上。

4. 个性化阅读体验

移动图书馆集成 RSS 订阅功能，能够为用户提供便捷有效的个性化服务。其中包括电子图书、报刊、视频、资讯等近 30 种资源分类，用户可以不受时空限制地获取自己所需的信息，实现了为用户提供多来源信息的个性化阅读体验。

二、超星学习通

超星学习通是国内一款基于神经系统原理打造的知识传播与管理分享平台。它利用超星 20 余年来积累的海量图书、期刊、报纸、视频、原创等资源，集知识管理、课程学习、专题创作为一体，为读者提供一站式学习与工作环境。学习通支持多种系统的手机、平板电脑等多种类型移动产品的阅读。除经典资源图书、期刊、报纸外，还有视频资源，如名师讲坛、公开课等，更有深受大众喜爱的音频资源有声读物。用户将在学习通内方便快捷地获取自己喜爱的数字资源，尽情阅读之外还能一键收藏至书房，打造个人专属的特色藏书房（如图 3-14）。

三、CNKI 全球学术快报

CNKI 全球学术快报移动版建立在中国知网总库平台基本功能移动化的基础上，依托云阅读平台用户管理系统，实现相关产品目标，目前共有网页触屏版与 App 版两个版本供用户下载使用。CNKI 全球学术快报以用户为中心，为用户提供个性化推荐服务，为用户访问资源提供方便快捷的入口；减少用户的操作行为，为用户匹配最合适资源；随时随地云同步。设计上非常注重移动端用户的体验，界面简洁清晰，逻辑科学，方便用户操作。CNKI 全球学术快报的最终目的在于为用户提供个性化的快报推送业务，实时了解最新科技前沿动态。CNKI 全球学术快报可以在中国知网首页上找到相应的下载入口（如图 3-15）。

图 3-14　超星学习通

图 3-15　CNKI 全球学术快报下载入口

CNKI 全球学术快报操作步骤如下。

1. 注册

用户可以通过知网账户或机构账户注册登录，这样不仅可以实现云同步，而且可以防止资料丢失，在不同的设备只需登录自己的账号即可查看之前收藏下载的文献，实现一账同步，不同设备自由切换。

没有知网账号的用户，可以在注册页面进行注册登录。用户登录以后关联相关机构，就可以通过机构账户的权限下载文献，文献可以在下载列表中查看。

2. 机构关联

读者登录后，首先需要将"CNKI 全球学术快报"与学校图书馆机构账户进行关联，关联方式如下。

（1）位置关联。关联时读者需在学校地理范围内，系统会自动识别读者位置信息，通过认证后关联（如图 3-16）。

（2）IP 关联。此方式适用于以 IP 自动登录方式使用的图书馆知网用户，关联时读者需要在校园网 IP 范围内登录。

3. 检索

步骤：用户注册→用户登录→首页→检索框。

CNKI 全球学术快报能够为用户提供各种类型文献的浏览、搜索和下载阅读服务。检索分为快速检索和高级检索，此外用户还可以在文献、报刊、博硕士论文、会议文献、外文文献等常用分类中进行限定范围内检索。检索时可以设置不同的类型的检索词，比如篇名、关键词、作者和主题等检索词。

快速检索：在文献分类下，输入关键词进行快速检索，检索结果可以进行二次筛选和排序。

高级检索：关键词之间可以是"与""或""非"的关系，根据输入的条件进行精确检索，检索结果可以筛选、排序（如图 3-17）。

4. 资料库

步骤：用户注册→用户登录→首页→资料库。

资料库主要功能是可以针对文献收藏、阅读和编辑，包括文献的标注，还可以在同一账号下进行云阅读。

5. 个性化定制

步骤：用户注册→用户登录→首页→我的图书馆→点击"+"按钮。

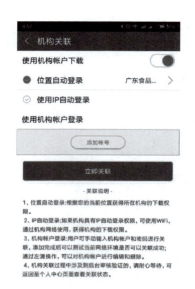

图 3-16　位置关联　　　　　　　图 3-17　高级检索

个性化定制推送文献是根据用户选择的分类标签，实时为用户推送相关领域的最新信息资源。用户可以在学术快报、会议、项目、学科和期刊这五大类中进行个性化定制，定制完成后在首页就可以看到自己感兴趣的最新资讯。

6. 个人中心

步骤：用户注册→用户登录→首页→个人。

个人中心实现了个人信息管理的多样化，同一个账号也可以在多台设备终端中实现云同步。在个人管理中心，不仅可以关联机构，免费阅读、下载机构购买的文献，还可以查看个人评论、个人点赞和个人阅读过的历史资讯。

此外，用户还可以设置自己账号的相关信息，包括手机号、机构关联和修改密码等常规的信息管理，同时 CNKI 全球学术快报的一些辅助功能，例如使用帮助、开启关闭消息通知、开启关闭屏幕常亮等，全部都可以在此进行设置操作。

第四章
专利文献检索与利用

第一节 专利

一、专利概述

专利是指在建立了专利制度的国家,由发明人或设计人向专利主管部门提出某一发明创造的申请,经审查批准授予在一定年限内享有独占该发明创造的权利,并在法律上受到保护,任何人不得侵犯。这种受法律保护、技术专有的权利,称之为专利。

广义的专利具有以下三方面的含义。

(1)专利权:国家授予的对某项发明创造的独占支配权,具备法律效应。

(2)专利技术:受专利法保护的发明创造或专有技术。若该发明创造或者专有技术未通过专利权的申请,不属于专利,则不受专利法保护。

(3)专利文献:专利局颁发的记载发明创造内容的专利证书、专利说明书等,指的是具体的物质。

二、专利制度

专利制度是伴随着商品经济的产生而发展起来的,是一定历史阶段的产物。中国于 1980 年 5 月成立了中国专利局。1984 年 3 月 12 日颁布了《中华人民共和国专利法》,1985 年 4 月 1 日起实施。

专利权的本质是一种排他权而非所有权,即没有专利权人的同意,任何人都不能实施其发明专利;另一方面,取得专利以后并不一定能够自由实施自己的发明,例如某人取得了某药制剂的专利,但如果此药的化合物专利由别人所有,此时必须先取得化合物专利所有人的同意,才能实施自己的专利。

（一）专利申请的审批制度

（1）形式审查制：指专利局对专利申请的手续、文件、格式等事项进行的一种审查活动。

（2）实质审查制：指专利局对发明的新颖性、创造性和实用性进行审查，对发明是否满足具备专利权的条件做出决定的审查制度。

（3）延迟审查制：当专利局收到发明专利申请后，经形式审查认为符合要求的，应在申请日后的 18 个月内予以公布，由公众进行异议审查。自公布后，该项申请专利的发明创造便进入临时保护状态。自申请日起 3 年内，申请人可以随时向专利局提出实质审查的请求。

专利审批程序的一般流程如图 4-1 所示。

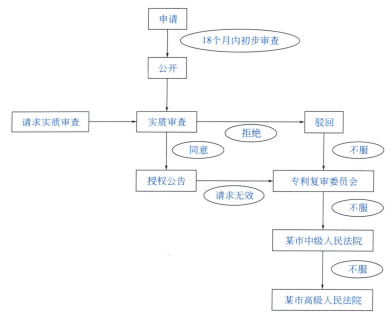

图 4-1　专利审批程序的一般流程

（二）授予专利的条件

专利权需要申请人按照规定的手续进行申请，经专利局审查批准后才能获得。

1. 授予专利权的形式条件

指专利局对专利申请进行初步审查、实质审查及授予专利权所必需的文件格式和应履行的必要手续。

2. 授予专利权的实质条件

《中华人民共和国专利法》(以下简称《专利法》)规定：授予专利权的发明和实用新型，应当具有三性——新颖性、创造性和实用性。

（1）新颖性：是发明专利、实用新型专利和外观设计专利取得专利权及其保护的首要条件。《专利法》第二十二条规定："新颖性，是指该发明或者实用新型不属于现有技术；也没有任何单位或者个人就同样的发明或者实用新型在申请日以前向国务院专利行政部门提出过申请，并记载在申请日以后公布的专利申请文件或者公告的专利文件中"。在具体的操作过程中，需要正确掌握新颖性判断标准，如公开标准、时间标准、地域标准和内容标准。新颖性主要侧重于某一技术是前所未有的。

（2）创造性：是发明专利或者实用新型专利取得专利权及其保护的第二个重要条件。创造性侧重于判断某项技术的水平问题。《专利法》第二十二条规定："创造性，是指与现有技术相比，该发明具有突出的实质性特点和显著的进步，该实用新型具有实质性特点和进步。"评定发明有无创造性，是经新颖性审查合格后，才予以审查的。可根据以下几个方面的具体情况作出判断。

① 首创的发明。

② 组合发明、选择发明和应用发明。

③ 要素变化的发明。

④ 解决了某一个技术难题的发明。

⑤ 克服了技术偏见的发明。

（3）实用性：是发明专利、实用新型专利取得专利权及其保护的第三个重要条件。《专利法》第二十二条规定："实用性，是指该发明或者实用新型能够制造或者使用，并且能够产生积极效果。"

① 制造和使用：一项发明要取得专利保护，首先必须是适用于实际应用的发明，一个是能够在产业中生产制造出来的产品发明，一个是能够在产业中使用的方法发明。

② 能够产生积极的效果：在发明创造实施后，产生的经济、技术和社会效果，是所属技术领域的技术人员可以预料到的，并且这些效果应当是积极的和有益的。

（三）申请外国专利的程序

《专利法》第十九条规定："任何单位或者个人将在中国完成的发明或者实用新

型向外国申请专利的，应当事先报经国务院专利行政部门进行保密审查。保密审查的程序、期限等按照国务院的规定执行。中国单位或者个人可以根据中华人民共和国参加的有关国际条约提出专利国际申请。申请人提出专利国际申请的，应当遵守前款规定。"

因此，只要是在中国完成的发明或者实用新型，任何单位或者个人想申请国外专利，需经过保密审查，同意后，申请人才可据此进一步办理国外申请手续。该程序主要考虑到该发明创造的申请是否会泄露国家重要机密，如果泄露国家秘密的，由所在单位或者上级主管机关给予行政处分；构成犯罪，依法追究刑事责任。

（四）中国与 PCT

专利合作条约（PCT）规定：申请人只需在一个国家（专利合作条约成员国）按照规定方式提交一份申请，在申请中写明在哪些国家要求保护，该国际申请就可以在申请人要求保护的所有国家中产生在其国内申请的效力，并且该国际申请统一由一个检索单位和一个初步审查单位进行检索和初步审查，最后由指定国决定是否批准该专利。

我国从 1994 年 1 月 1 日正式成为 PCT 成员国，申请人可以直接用中文或者英文向中国专利局提交国际专利（WO）申请，避免了向各国专利局申请的许多重复劳动。

三、专利的特征

专利权是知识产权的一种，它具备三个特征：独占性、地域性、时效性。

1. 独占性

也称垄断性或独占性。未经专利权人许可，任何单位或者个人不得在这个国家内实施这项专利，否则就是侵权，要负法律责任。

2. 地域性

一个国家或地区授予的专利权，只能在该国或该地区领域内有效，在域外不发生法律效力，没有一个全世界通行的专利。

3. 时效性

专利权只在一定期限内有效，期限届满后专利权就不再存在，它所保护的发明创造就成为全社会的共同财富，任何人都可以自由利用。

四、专利的分类

（一）发明专利

发明专利指对产品、方法及其改进所提出的新的技术方案。产品指的是能够在工业上进行生产制造的新制品，包括有一定形状和结构的固体、液体、气体之类的物品。方法指的是通过对原辅料的加工，制成各种产品的一系列方法。我国《专利法》规定，发明专利的一般保护期限为 20 年。发明专利分为以下几种类型。

1. 产品发明

经人工制造或机器制造的具有特定功能或性质的有形或无形物。如机器、设备、仪表、药品、合成气体等。

2. 方法发明

制造某种产品的方法，或者某种物质、某种方法的新用途。如齿轮的制造方法，一种杀菌剂及其用途等。

3. 药品领域的发明

（1）药物化合物发明：专利权人对该产品的制造、使用、销售、许诺销售和进口享有独占权，该专利不受具体制备方法和应用的限制。

（2）以药物化合物为活性组分的药物制剂的发明：药物制剂产品专利要求限定用途，实质上是药物化合物的一项用途发明。

（3）药物化合物或制剂的制备方法的发明。

（4）药品新用途的发明。

4. 医学领域的发明

（1）为疾病的诊断和治疗而使用的材料、仪器、设备等。

（2）消毒、灭菌的方法（人体或者动物的伤口消毒方法除外）。

（3）对脱离了生命的人体或者动物的组织、流体进行处理或检测的方法，如血液、排泄物、精液的保藏或者化验方法，以及利用人体血清提取抗体的方法等。

（4）对已经死亡的人体或者动物测试、保存或者处理的方法。

（5）仅为获取人体或动物常规生理参数的采集、测试、处理等方法。

（6）为实现某一医疗仪器或设备的使用而建立的方法，如一种为实现血流速度测量仪器的使用而建立的连续波超声多普勒方法。

按照《专利法》的规定，获得专利的发明必须具有新颖性、创造性和实用性。

（二）实用新型专利

实用新型专利指对产品的形状、构造及其结合所提出的适于实用的新技术方案。形状指的是产品的外形或产品部件的外形，不是装饰性的外表，而是应具有一定技术效果的形状。构造指的是能表现出产品或产品部件之间在技术特征和性能上的互相关系的产品内部结构。我国《专利法》规定，实用新型专利的一般保护期限为 10 年。

需要注意的是：产品的形状必须是确定的，没有确定形状的产品不能获得实用新型保护；产品的构造，可以是机械构造，如自行车，也可以是线路构造，如收音机；产品的结合，如螺栓与螺帽，锁和钥匙等。

同发明专利一样，实用新型专利所保护的也是一个新的技术方案，但是实用新型所保护的范围要比发明专利窄得多，对于采用实用新型专利的国家，大多数仅限于保护有一定形状或结构的新产品，不保护方法以及没有固定形状的物质。此外，实用新型专利在技术水平上的要求比发明专利的要求要低一些，主要保护的是一些"小发明"。另外，有一些国家，比如德国，申请人可就同一个发明同时申请发明或实用新型专利；有些国家，比如中国、日本等，虽然不能同时申请两种专利，但是可以将两种申请互相转换，即假如发明专利申请被驳回后，可以将其转换为实用新型专利申请而获得保护。

（三）外观设计专利

外观设计专利指对产品的整体或局部的形状、图案、色彩或其结合所提出的适于工业应用的新设计。如酒瓶的造型，汽车的造型，用在地毯、花瓶的图案等。

外观设计专利注重的是设计人对一项产品的外观所作出的富于艺术性、并且具有美感的创造，但这种具有艺术性的创造，不是单纯的工艺品，它必须具备能够为产业上所应用的实用性。因此，需要注意的是：形状、图案、色彩必须与产品相结合，一张普通白纸上画一个图案不能说是外观设计。外观设计是为了产品的装饰性和艺术性，不具有保护功能的设计。

我国《专利法》规定，外观设计专利的一般保护期限为 15 年。

五、不能授予专利权的范围

（1）违反国家法律、社会公德或妨害公共利益的发明创造，不授予专利权。

如：吸毒的器具，制造假货币的设备；外观设计的图形有淫秽内容的；一种使盗窃者双目失明的防盗装置等。

（2）科学发现、纯科学理论和数学方法，不授予专利权。如：伦琴发现 X 射线，牛顿发现万有引力定律。

（3）智力活动的规则和方法，不授予专利权。如：具有抽象思维的特点、不利用自然规律、棋类的比赛规则，图书分类编目方法等。

（4）疾病的诊断和治疗方法，不授予专利权，如诊脉法、针灸、电疗等。但为诊断、治疗疾病所使用的物质、仪器、设备等可以被授予专利权，如假肢、假牙、助听器等。

（5）动物和植物品种，不授予专利权。我国仅仅是对动、植物品种本身不授予专利权，对于分子水平的生物物质、养殖方法、饲养方法、基因工程的方法等，是可以授予专利权的。国际上也有一些国家对动、植物授予专利，如美国、匈牙利等。

（6）用原子核变换方法得到的物质，不授予专利权，主要指核裂变或者核聚变的方法获得的元素或者化合物。

（7）对平面印刷品的图案、色彩或者二者的结合做出的主要起标识作用的设计，不能授予专利权，例如平面包装袋、瓶贴、标贴等。

六、专利的优先权

优先权是《保护工业产权巴黎公约》规定的一种优惠权利，为《保护工业产权巴黎公约》缔约国之间相互承认，共同遵守。同一个发明首先在一个缔约国正式提出申请后，在一定期限内再向其他缔约国申请专利时，申请人有权要求将第一次提出申请的日期作为后来提出的申请日期，即优先权日。

优先权的主要作用：① 在优先权期间内，不同申请人就同样内容的发明创造提出专利申请，享有优先权的专利申请处于优先地位；② 在优先权期间内，任何人以任何形式的公开，都不影响发明创造的新颖性和创造性。

优先权号的格式为：文献的优先国 + 优先流水号。

获得优先权需要满足以下几种条件。

① 要求在申请时提出书面申请，并且在三个月内提交第一次提出专利申请文件的副本；要求外国优先权的，申请人提交的副本应当有原受理机关证明。

② 优先权日只能是第一次提出申请的日期，第二次、第三次等提出申请的日期不能作为优先权日，主要考虑的是对申请人在要求优先时间上的限制。

③ 优先权只适用于第一次提出发明创造专利申请的内容，对于超出第一次申请内容的部分则不能给予优先权，而对第一次申请中所包含的发明创造内容应当给予优先权。也就是说新内容不享有优先权。

④ 享受优先权的和申请人必须是同一个人，或者是申请人的权利继承人。

⑤ 优先权是有期限的，必须在规定的期限内提出专利申请，否则不予受理。发明专利和实用新型专利申请的优先权期限为 12 个月。外观设计专利申请的优先权期限为 6 个月。

第二节　专利文献

一、专利文献概述

专利文献既是一种法律文件，又是有价值的技术情报。它的内容广泛，数量巨大。

狭义的专利文献一般指专利申请书、专利说明书、专利证书等；广义的专利文献还包括不公开发行的各种文件和检索工具，如专利公报、专利文摘、专利分类表、各种专利索引等。

世界知识产权组织给出了现代文献专利的概念：专利文献是包含已经申请或被确认为发现、发明、实用新型和工业品外观设计的研究、设计、开发和试验结果的有关资料，以及保护发明人、专利所有人及工业品外观设计和实用新型注册证书持有人权利的有关资料的已出版或未出版的文件（或其摘要）的总称。

二、专利说明书

专利说明书指用以描述发明创造内容和限定专利保护范围的一种文件。外观设计专利申请不出版说明书，仅进行公告。专利说明书属于一次文献，是专利文献的主体。

各国专利说明的内容已经逐渐趋于一致，具有了固定的格式，专利说明书的结构一般包括以下三个部分。

1. 标头部分（扉页）

标头部分一般用于介绍专利文献的著录项目，比如申请日、申请号、公开日、公开号、申请人（专利权人）、发明创造的名称以及发明技术内容的摘要、具有代表性的附图或化学公式等，一般都有国际标准化的两位数组成的代码（资料识别号）及代码名称。

2. 专利权项（权利要求书）

专利权项包括申请人要求专利局对其发明给予法令保护的项目和确定专利的范围，是专利局审查时确定授予专利权的主要依据，也是重要的法律性情报，因此它的用词严谨。

3. 正文部分（说明书）

正文部分包括该发明创造的技术背景，发明的具体内容，最优方案，实施细作，实例及附图。

三、专利文献的特点

专利文献的特点如下所示。

1. 集技术、法律、经济信息于一体

专利文献主要注重的是专利技术，但同时也记载着包含权利归属的相关法律状态。可以从专利保护的国家、地区的地理分布，分析产品和技术的销售规模及潜在市场等情况。所以专利文献集技术、法律、经济信息于一体。

2. 数量巨大、学科范围广

全世界每年的科技出版物中约有 1/4 为专利文献，全世界发明成果的 70%~90% 仅仅出现在专利文献中。世界知识产权组织公布，每年约出版专利说明书 100 万件，数量巨大，同时包含所有应用技术领域，大到高精尖技术、小到日常生活用品，几乎无所不包，所以学科范围十分广泛。

3. 公开迅速、内容新颖

多数国家的专利制度实行先申请、早期公开、延迟审查制，所以公开速度迅速。经过专利局批准公开的专利文献，在当时都具有新颖性，一般都超过同领域的技术水平。

4. 著录规范、内容详尽

目前专利说明书基本上在各国都已统一格式，采用统一的标识代码，并标注统一的国际专利分类号，要求高度标准化。此外，专利说明书等专利文件都是经过法律程序审查批准具有法律性的文件，文字精炼、叙述严谨，同时文辞冗长、文字晦涩，内容上完整而详尽。

5. 重复出版、语种多样

一个专利的申请的不同阶段，可以多次重复出版相关的专利文献，每年专利说明书重复出版量达 2/3；同一项专利也可以在不同的国家进行申请，各国出版的专利文献，采用各自国家的语言，使得专利文献语种多样。

6. 相对局限性

不同类型的专利技术，受法律保护的地域、期限和范围是有限的。专利保护的地域一般仅在所授权专利权的国家或地区内；我国发明专利的保护期限为 20 年，而实用新型和外观设计的专利保护期限分别为 10 年和 15 年；部分发明创造不具备专利性，因为没有通过实质性审查。

四、专利文献的分类体系

现有的专利文献分类体系有：国际专利分类体系、美国专利分类体系、英国专利分类体系、英国德温特专利文献出版公司分类体系等。

目前，大多数国家都已使用《国际专利分类表》，只有英、美两国仍在采用自己的专利分类表，但在其专利文献上也都同时注有国际专利分类号。

《国际专利分类表》（IPC 分类）是根据 1971 年签订的《国际专利分类斯特拉斯堡协定》编制的，是目前唯一国际通用的专利文献分类和检索工具。1968 年正式出版并使用，五年修订一次，从 2006 年起每年均有更新，最新版本为 2021 版。目前世界上有 100 多个国家和地区完全采用 IPC 分类法，中国从 1985 年 4 月 1 日起也在出版的专利文献上标注 IPC 分类号。

IPC 分类表是按照发明的技术领域和技术主题设立类目的，内容包括与发明创造有关的全部知识领域。IPC 按照五个等级分类，分别为部 (section)、大类 (class)、小类 (subclass)、主组 (main group)、分组 (group)，将全部技术领域分成了八个部，用大写拉丁字母 A~H 表示，再采取层级结构纵向分级，上一级类目对下一级类目是包含的关系，下一级类目对上一级类目是隶属关系。

IPC 分类表八个部设计的技术范围如下所示。

A——人类生活必需。包括农业、保健、娱乐用品等十五大类。

B——作业；运输。包括交通运输及其设备和印刷等三十七大类。

C——化工；冶金。包括有机化学、无机化学、石油、环境保护等二十大类。

D——纺织；造纸。有八大类。

E——固定建筑物。有七大类。

F——机械工程；照明；加热；武器；爆破。有十七大类。

G——物理。有十四大类。

H——电学。有五大类。

其中部是分类表中最高等级的分类层，按照领域不同，分为八个大部，用一位大写的英文字母标记，分别是 A、B、C、D、E、F、G、H。有的部还会下设分部，但分部只有标题，没有类号，如 B 部下设有分离、混合、成型、印刷、交通运输五个分部。每个部下属设有多个大类，大类由二位数字组成，每个部下面有不同数量的大类，例如：A01，农业；林业；畜牧业；打猎；诱捕；捕鱼；小类由大类编号后加一个大写字母组成，例如：A01B，农业或林业的整地；一般农业机械或农具的部件、零件或附件；每个小类细分为许多组，其中有主组和分组，主组由高层类别号加上一位到三位的数以及"/00"组成，例如：A01B1/00，手动工具；小组由小类类别号的标记加上一个一位到三位的数字，后接"/"，再加上除"00"以外的二位到四位数组成。例如，专利"自动人造花叶"（ZL94230987.1）的 IPC 为 A41G1/00，专利"双排电话按键盘"（ZL01257183.0）的 IPC 为 H04M 1/23。以 A 类介绍 IPC 分类表的逻辑体系，如图 4-2 所示。

图 4-2　IPC 分类表 A 类逐级展开的逻辑体系

IPC 分类号的检索方法有以下三种。

1. 直接检索法

直接检索待检课题的 IPC 分类号，该方法需要用户熟悉课题的技术内容和 IPC 分类表的结构、分类原则和规则，能够迅速从 IPC 分类表中按照"部、大类、小类、主组、小组"的顺序逐级查找。

2. 关键词检索法

用户也可以直接通过待检课题的主体名称入手检索 IPC 分类号，与关键词检索配合使用。《关键词索引》一般单独出版，版次与专利分类表的版次一致，用户可以在 WIPO 网站上获取最新的关键词和英文、法文版的 IPC 信息。但是《关键词索引》需要与 IPC 详表配合交叉使用，因为它不包括 IPC 所有的类目，所以可能会存在漏检的情况。

3. 专利文献统计分析法

国内外有一些专利网站有对专利文献检索结果进行统计汇总分析的功能，在检索数据库中，应用一个或多个关键词进行检索，再利用系统本身自带的统计功能统计出专利文献 IPC 分类号的分布情况，进而查全该课题的所有可能的 IPC 分类号。但是这种方法仍然存在缺陷，不同的专利说明书对同一个技术主题可能会有不同的阐述，从而导致差异，也存在漏检的情况，同样需要结合 IPC 详表内容进行综合研究。

第三节　专利文献检索工具

一、专利检索工具书

专利检索的工具书主要包括《中国专利公报》《中国专利索引》《中国药品专利》三种。

（一）《中国专利公报》

中国专利局于 1985 年按专利类型出版了《发明专利公报》、《实用新型专利公报》和《外观设计专利公报》3 种公报，均为周刊。

1.《发明专利公报》

以文摘形式报道公告与发明专利申请、审查、授权有关的事项和决定。每期后附有发明专利的申请公开索引、审定公告索引和授权公告索引，且每种索引都由 IPC、申请号、申请人（专利权人）索引和公开号／申请号对照表（审定号／申请号对照表）组成。

2.《外观设计专利公报》

以题录形式报道与外观设计专利申请、授权有关的事项和决定。每期后附有外观设计专利申请的申请公告索引和授权公告索引，每种索引均由 IPC、申请号、申请人或专利权人索引和公开号 / 申请号对照表组成。

3.《实用新型专利公报》

以文摘形式报道与实用新型专利申请、授权有关的事项和决定。每期分为上、中、下三册出版，在下册附有实用新型专利的申请公告索引和授权公告索引。每期索引由 IPC、申请号、申请人（专利权人）索引和公开号 / 申请号对照表组成。

《中国专利公报》提供三种检索途径：分类检索、申请人 / 专利权人检索、申请号 / 专利号检索。查阅时应注意：如果查最新专利，应使用每期公报；如果是回溯检索，则使用年度或半年度索引。

（二）《中国专利索引》

使用本索引中的任一种检索方式均可获得分类号、发明名称、专利号、申请号、卷、期号等信息，并可追踪查找专利公报、专利说明书。《中国专利索引》是至今提供中国专利检索的最大、最全、最方便的一种工具书。

（三）《中国药品专利》

以摘要或题录形式报道在中国申请的有关药品、医药包装等领域的发明专利和外观设计专利，宣传国家对药品专利的方针、政策，并介绍药品行政保护及医药专利实施的动态。

二、专利检索数据库

本书主要介绍三个专利检索数据库：中华人民共和国国家知识产权局网、美国专利数据库、欧洲专利数据库。

（一）中华人民共和国国家知识产权局网

中华人民共和国国家知识产权局，是国务院部委管理的国家局，由国家市场监督管理总局管理，行政级别为副部级。负责保护知识产权工作，推动知识产权保护体系建设，负责商标、专利、原产地地理标志的注册登记和行政裁决，指导商标、专利执法工作等。1980 年经国务院批准成立。国家知识产权局网

（http://www.cnipa.gov.cn/）首页如图4-3所示。

图4-3　国家知识产权局网首页

用户可在界面右方中部位置进入与专利相关的子页面，如中国专利电子申请网、专利审批流程、PCT申请、专利检索、专利审查信息查询、专利事务服务、专利复审和无效等。

1. 专利检索

在国家知识产权局网首页点击"专利检索"进入专利检索及分析网页（http://pss-system.cnipa.gov.cn/sipopublicsearch/portal/uilogin-forwardLogin.shtml），由于匿名用户不能访问检索界面，用户需要先进行注册登录后再使用该网站。网站提供常规检索（网站首页）、高级检索、导航检索、药物检索、命令行检索和热门工具等多个检索途径。这里主要介绍常规检索、高级检索、导航检索以及药物检索四个检索途径。

（1）常规检索。专利检索及分析主页即为常规检索（图4-4）。点击检索框左端前地球图案可以选择检索范围，如中国专利、其他国家专利，中国专利又分为发明申请、实用新型、外观设计专利，以及香港、澳门、台湾地区专利，若呈"☑"

状态则表示选中该国家或地区，可单选或多选。点击地球图案旁边的"▼"符号，用户可选择自动识别、检索要素、申请号、公布（公告）号、申请（专利权）人、发明人、发明名称等检索字段，然后在文本框内需要输入相应检索词进行检索，选择自动识别系统将自行识别检索词所属范围。在输入框下选择不同检索字段，系统会自动提示输入格式，用户可参阅进行检索。

图 4-4　专利检索及分析 - 常规检索界面

（2）高级检索。点击专利检索及分析界面上方高级检索，直接进入高级检索界面（图 4-5）。

高级检索界面检索字段已固定，用户首先对专利所属地区范围进行选择，然后根据需要在对应的检索字段后的文本框输入相应的检索词；每一检索项之间默认使用"逻辑与"进行项间组合；"发明名称""摘要"等检索项可在对应的检索框内输入多个检索词，检索词之间可进行逻辑与、逻辑或、逻辑非的组合，如检索词之间有空格，则需要加英文的双引号。用户将鼠标放置在检索字段的文本框上，系统将自动给出输入格式的要求，用户可参阅进行检索。

高级检索也提供检索式编辑区，用户如熟练掌握检索技术，也可选择该种方式自行运用布尔逻辑运算符等编写检索式进行检索。高级检索界面最上端提供检索历史，用户可查询之前的检索历史。

图 4-5 专利检索及分析 – 高级检索界面

用户可检索字段如下所示。

① 公开（公告）号：公开号是发明专利申请的公开文本的编号；公告号是发明、实用新型和外观设计专利授权公告文本的编号。组成：国别号 +1/2/3+6 位流水号 +A/B/C/D/U/Y。

如：CN1387751A 表示中国发明专利公布，流水号为 387751。

其中 CN 代表中国国别号，1 表示发明专利，2 表示实用新型专利，3 表示外观设计专利。流水号由专利局给出，一个专利有唯一的流水号，最后一个英文字母区分法律状态，A 表示发明专利申请公布说明书，B 表示发明专利说明书，C 表示发明专利权部分无效宣告的公告，S 表示外观设计专利授权公告或专利权部分无效宣告的公告，U 表示实用新型专利说明书，Y 表示实用新型专利权部分无效宣告的公告。专利文献种类标识代码详见表 4-1。

② 公布（公告）日：由年、月、日三部分组成，"年"为 4 位数字，"月"和"日"为 2 位数字。如已知公布日为 2009 年 10 月 5 日，键入"20091005"。

表 4-1　专利文献种类标识代码

发明专利		实用新型		外观设计	
A	发明专利申请公布说明书	U	实用新型专利说明书	S	外观设计专利授权公告
A8	发明专利申请公布说明书（扉页再版）	U8	实用新型专利说明书（扉页再版）	S9	外观设计专利授权公告（全部再版）
A9	发明专利申请公布说明书（全文再版）		实用新型专利说明书（全文再版）	S1～S7	外观设计专利权部分无效宣告的公告
B	发明专利说明书	Y1～Y7	实用新型专利权部分无效宣告的公告	S8	预留给外观设计专利授权公告单行本的扉页再版
B8	发明专利说明书（扉页再版）				
B9	发明专利说明书（全文再版）				
C1～C7	发明专利权部分无效宣告的公告				

③ 申请号：申请号是提交专利申请时给出的编号（9 位或 13 位）；专利号是授予专利权时给出的编号（申请号前加"ZL"）。组成：年份 +1/2/3+ 流水号 +.+1 位计算机校验码。

如：200420072162.8 表示 2004 年申请的实用新型专利，流水号为 0072162.8，其中最末位数 8 为计算机校验码，无实际意义。

其中年份后数字 1 表示发明专利，2 表示实用新型专利，3 表示外观设计专利。

④ 申请日：由年、月、日三部分组成，"年"为 4 位数字，"月"和"日"为 2 位数字。如已知申请日为 2002 年 10 月 1 日，应键入"20021001"。

⑤ 申请（专利权）人：申请（专利权）人可为个人或团体。专利权人或申请人不一定是发明人本身，往往是他所在的单位或者公司，因此在检索申请（专利权）人时，要准确知道专利权人(或申请人)的名称。检索时可以借助专利权人(或申请人)索引，有些检索工具会以公司名称的代码作为排检标目，所以检索时需要把公司全称转换为代码再进行检索。当需要有目的地去了解某一个人或团体的专利情况时，利用该检索字段最为方便和直接。

⑥ 发明（设计）人：发明（设计）人可为个人或团体。

⑦ 名称：专利名称。多个检索词之间可进行 and、or、not 的逻辑运算。

⑧ 摘要/简要说明：专利的摘要或简要说明。可输入多个检索词，字段内各检索词之间可进行 and、or、not 的逻辑运算。

⑨ 分类号（IPC）：专利按照《国际专利分类表》进行分类所获得的分类号。利用该检索字段进行检索的关键是确定待查课题的专利分类号，所以首先要分析课题和明确技术的主题，通过《国际专利分类表》查到具体的分类号后，再利用相关的专利分类索引，获取所需专利文献的文献号或者专利号，从而查阅专利文献、获取专利说明书。

⑩ 优先权：优先权信息中包含表示优先权日、国别的字母和优先权号。

（3）导航检索

点击专利检索及分析界面上方导航检索，直接进入导航检索界面（图4-6）。

导航检索提供 IPC 分类法的检索方式，用户输入分类号或者中英文含义进行检索，也可以直接点击系统所提供的 IPC 分类号菜单，一级一级往下进行检索，如以图 4-6 中 A 人类生活必需的大部为例所示。

图 4-6　专利检索及分析－导航检索界面

（4）药物检索

点击专利检索及分析界面上方的药物检索，直接进入药物检索界面。

药物检索是基于药物专题库进行的专业化检索，提供医药化学领域研究相关的检索服务。用户可以使用该检索系统进行西药化合物、方剂、药物结构式三种检索模式检索药物相关的专利文献。

图4-7为药物检索的高级检索方式，除提供专利检索的基本检索字段外，还提供了与药物知识相关的分析方法、生物方法、化学方法、物理方法、相似疗效、毒副作用、治疗作用、化合物中文名、化合物英文名等专业字段，用户可直接在对应的文本框内输入检索词，各检索项之间默认为"逻辑与"的组合方式。用户也同样可以在最下方检索式编辑区内采用自行编写检索式的方式进行检索。

图 4-7 专利检索及分析药物检索 – 高级检索界面

图4-8为药物检索的方剂检索方式，方剂检索可以规定中药方剂中药物的数量，同时规定检索结果中所检索药物出现的数量，在每个编号后的文本框内输入1种药物，然后点击检索。

图4-9为药物检索的结构式检索方式，结构式检索插件仅支持IE浏览器，因此只能采用IE浏览器进行检索，同时要上传结构式，需要下载系统所需版本的JRE插件，在检索界面中点击"点击此处"即可下载。结构式检索提供精确结构、

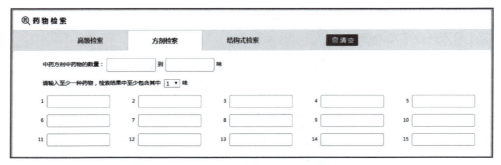

图 4-8　专利检索及分析药物检索 – 方剂检索界面

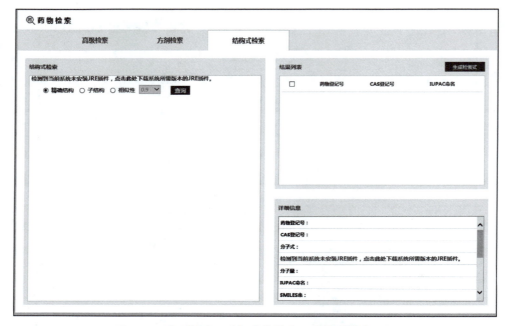

图 4-9　专利检索及分析药物检索 – 结构式检索界面

子结构以及相似结构（含相似度）的选择，用户根据自己的结构式进行选择，在右侧结果列表中展示检索结构，右侧下方提供结构式的详细信息。

由于专利检索及分析需要用户进行登录才能检索，所以如果仅需查询已经公布公告的专利，可进入国家知识产权局的专利公布公告查询网站（http://epub.cnipa.gov.cn/）进行检索，该网站无需注册用户即可免费检索和下载专利说明书。

2. 中国专利公布公告

在国家知识产权局网首页点击"专利审批流程"进入国家知识产权局综合服务平台页面，找到"专利公布公告查询"，点击入口网址即可进入，见图 4-10。该网站提供 1985 年 9 月 10 日至今，中国专利公布公告信息，以及实质审查生效、专利权终止、专利权转移、著录事项变更等事务数据信息等数据的查询，每周二、周五更新数据。

该网站无须注册，用户可直接进行检索，并免费下载专利说明书。中国专利公布公告提供初级检索（系统默认首页）、高级查询、IPC 分类查询、LOC 分类查询、事务数据查询等检索途径。

（1）初级检索。中国专利公布公告主页界面上端提供初级检索功能（图 4-10 和图 4-11）。点击检索框下端前"□"可以自定义选择所检索专利类型，若呈

图 4-10　国家知识产权局综合服务平台界面

图 4-11　中国专利公布公告初级检索界面

"☑"状态则表示选中该专利类型。用户可根据需要输入相应检索词进行检索，初级检索由系统自动识别检索词所属范围。初级检索方式采用智能检索技术，自动切分词组和句子，快速响应用户检索需求，实现精确检索。

（2）高级查询。点击中国专利公布公告界面上方高级查询，直接进入高级查询界面（图4-12）。用户可根据需要直接选择多个对应的检索项；每一检索项之间可使用"逻辑与"进行项间组合；可在"名称""摘要/简要说明"等检索项对应的检索框内输入多个检索词，检索词之间可进行逻辑与、逻辑或、逻辑非的运算。用户首先对专利类型范围进行选择，选择检索结果的排序方式以公布公告日或申请日进行排序，然后根据需要制定检索策略，即可完成高级检索。

图4-12　中国专利公布公告高级查询界面

用户可检索字段参照本章"1.专利检索"的"（2）高级检索"内容。

（3）事务数据查询。点击中国专利公布公告首页上方事务数据查询，可进入查询界面（图4-13）。通过选择专利类型、事务类型、申请号、事务数据公告日、事务数据信息进行查询。

图 4-13　中国专利公布公告事务数据查询界面

国家知识产权局系统提供 1985 年至今公告的中国专利法律状态信息。该法律状态信息是国家知识产权局根据专利法和实施细则的规定在出版的发明专利公报、实用新型专利公报和外观设计专利公报上公开和公告的法律状态信息，主要有：实质审查的生效，专利权的无效、部分无效宣告，专利权的终止，专利申请或专利权的恢复，专利申请权、专利权的转移，专利实施许可合同备案的生效、变更及注销，专利权的保全及其解除，著录事项变更等。中国专利公布公告的事务数据查询即中国专利的法律状态信息查询，所有事务类型见图 4-14。

所有事务类型	保密专利的解密	专利申请权、专利权的转移
公布	专利权的视为放弃	著录事项变更
实质审查的生效	专利实施的强制许可	专利实施许可合同备案的生效、变更及注销
专利局对专利申请实质审查的决定	专利权的无效、部分无效宣告	专利权质押合同登记的生效、变更及注销
发明专利申请公布后的驳回	宣告专利权部分无效审查结论公告	专利权的保全及其解除
发明专利申请公布后的撤回	专利权的终止	专利权人的姓名或者名称、地址的变更
发明专利申请公布后的视为撤回	专利权的主动放弃	文件的公告送达
授权	避免重复授权放弃专利权	更正
保密专利专利权授予	专利申请或者专利权的恢复	其他有关事项

图 4-14　中国专利公布公告所有事务类型

（4）结果输出。其结果输出含有以下几种模式。

① 公布模式输出。执行检索后，检索结果默认以公布模式显示，每页显示 3 条结果（可自行修改为 10 条），每篇文献提供专利类型、专利名称、申请公布号（日）、申请号（日）、申请人、发明人、地址、分类号、摘要等信息（图 4-15）。

图 4-15　中国专利公布公告检索结果 – 公布模式输出界面

② 列表模式输出。用户可根据需要,从公布模式输出切换到列表模式输出。每页默认显示 10 条结果(可自行修改为 20 条),每篇文献提供申请号、申请(专利权)人和发明(设计)名称等信息(图 4-16)。

图 4-16　中国专利公布公告检索结果 – 列表模式输出界面

任意点击申请号、申请(专利权)人或发明(设计)名称,即可进入专利详细信息界面(图 4-17)。

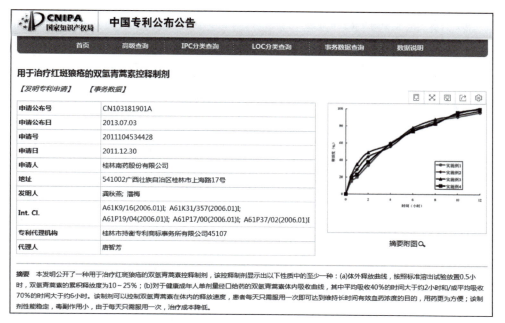

图 4-17　中国专利公布公告检索结果 – 专利详细信息界面

③ 全文输出。用户可在公布模式输出或专利详细信息界面点击【发明专利申请】进入选中文献的专利说明书界面（图 4-18）。中国专利公布公告文献全文输出以图片形式提供在线阅读服务，也可以点击【下载】，下载全文，格式为 PDF 格式，可通过通用的 Adobe Acrobat Reader 来阅读。

用户也可在公布模式输出或专利详细信息界面点击【事务数据查询】进入选中文献的事务数据查询界面（图 4-19），查看专利从申请到检索日所发生的法律变更状态。

3. 检索训练

训练一：专利检索及分析 – 高级检索

采用专利检索及分析网站高级检索方式，查询 2015 ～ 2016 年度公布或公告的发明名称中含有青霉素的中国发明申请专利，写出检索步骤，并告知共有几篇专利及第一篇专利的名称、发明人、申请日期、公告号。

步骤：打开专利检索及分析网站，点击上方高级检索，在检索界面左侧范围筛选选择"中国发明申请"，在界面右侧高级检索内发明名称字段后输入"青霉素"，公布（公告）日检索字段选择"："，同时输入"20150101 20161231"，点击下方检索即得。

图 4-18 中国专利公布公告检索结果 - 专利说明书界面

图 4-19 中国专利公布公告检索结果 - 事务数据查询界面

结果：共有 83 条数据，第一篇专利名称为"青霉素结合蛋白 Bt-pbp2X 及其应用"，发明人为"鞠守勇、陈其国、朱虹翼、徐顺高、王超"，申请日期为"20160818"，公告号为"CN106085982A"。

训练二：专利检索及分析－药物检索

采用专利检索及分析网站药物检索方式，查询中药方剂中药物数量为 8~10 味，至少含有石膏、轻粉、赤石脂、龙骨、血竭、乳香、樟脑中的 5 味药物的中药方剂专利，写出检索步骤，并告知第一篇专利的名称、申请号、申请人、方剂味数以及含有所要求的哪几味药。

步骤：打开专利检索及分析网站，点击上方药物检索，在检索界面上点击方剂检索，输入中药方剂中药物的数量为"8 到 10"味，检索结果至少包含其中"5"味，在编号 1 ~ 7 中顺序输入"石膏、轻粉、赤石脂、龙骨、血竭、乳香、樟脑"，点击下方检索即得。

结果：共 10 条数据，第一篇专利名称为"去腐生肌散及生肌散／一种主治中耳炎的中药制剂"，申请号为"CN95102244A"，申请人为"李锋"，方剂味数为"9 味"，含有"石膏、乳香、血竭、龙骨、轻粉、赤石脂"。

训练三：中国专利公布公告查询－高级查询

采用中国专利公布公告查询网站高级查询方式，查询 2018 至 2019 年度广东食品药品职业学院申请的专利名称涉及"中药"的实用新型专利，写出检索步骤，并告知第一篇专利名称，以及该专利的权利要求书一共有多少条。

步骤：打开中国专利公布公告查询网站，点击上方高级查询，专利类型勾选"实用新型"，在申请日后文本框输入"2017.01.01"至"2019.12.31"，在申请（专利权）人处输入"广东食品药品职业学院"，在名称处输入"中药"，点击下方查询即得。

结果：第一篇专利名称为"中药渣反应装置"，权利要求一共 10 条。

（二）美国专利数据库

美国专利数据库（http://www.uspto.gov/patft/index.html）由美国专利与商标局创建，收录了 1976 年 1 月 1 日至今的美国专利全文，包括发明专利、法定发明登记、植物专利、外观设计专利等。其中 1790 至 1975 年的数据只有图像型全文，可检索的字段有专利号、美国专利分类号和授权日期。1976 年 1 月

1 日以后的数据除了图像型全文外，还包括可检索的授权专利基本著录项目、文摘、文本型的专利全文数据，可通过 55 个字段进行检索。美国专利数据库界面如图 4-20 所示。

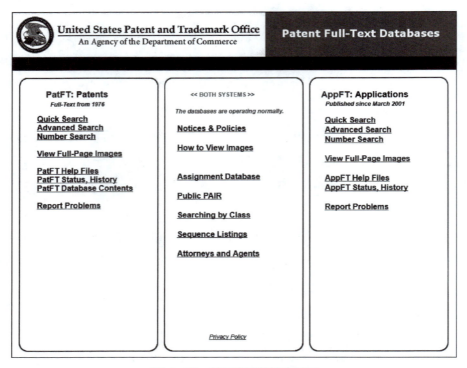

图 4-20　美国专利数据库界面

美国专利数据库检索主页左侧提供 1790 年以来授权的美国专利全文信息的三个检索途径：快速检索（quick search）、高级检索（advanced search）和专利号检索（number search）。右侧则提供的是 2001 年 3 月以来公开的美国专利申请的检索途径。以下重点讲述的是授权专利的检索途径。

1. 快速检索

点击"Quick Search"即可进入快速检索界面（图 4-21）。

快速检索提供 Field 1 和 Field 2 两个检索字段，可在 31 个检索字段间进行选择，相对应地，可在两个检索入口 Term 1 和 Term 2 输入检索词。检索字段之间采用布尔逻辑运算符运算，AND 代表逻辑与、OR 代表逻辑或、ANDNOT 代表逻辑非。在 Select years(年代选择项)处可以选择检索时间从 1790 年开始至今，或 1976 年开始至今。

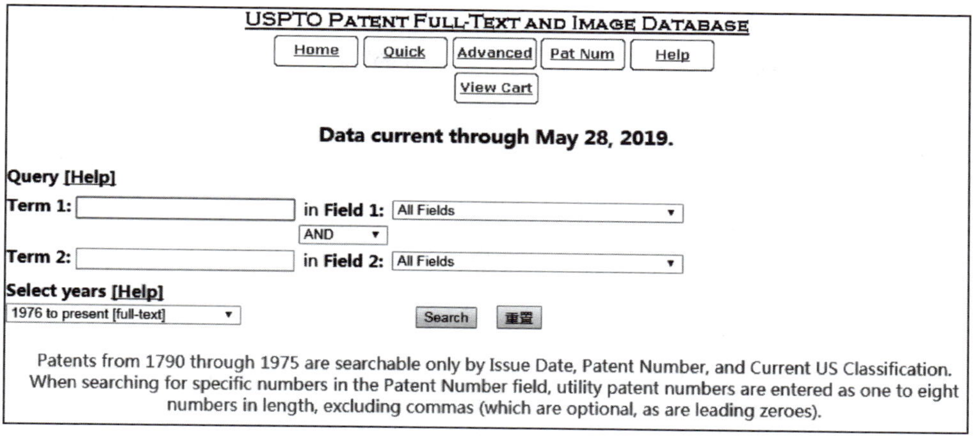

图 4-21　美国专利数据库快速检索界面

选择特定的检索字段和特定年代，输入对应的检索词，并将两个检索字段进行逻辑组合，构造一个完整的检索式即可进行检索。

2. 高级检索

点击"Advanced Search"即可进入高级检索界面（图 4-22）。

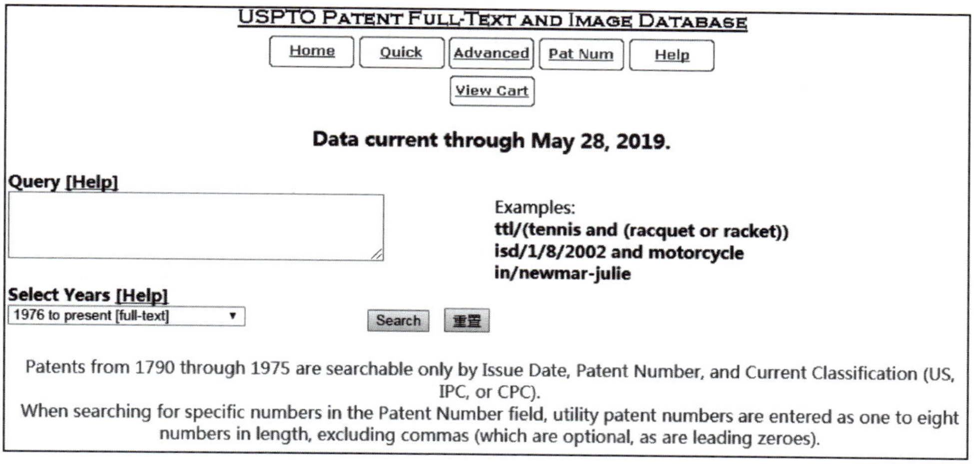

图 4-22　美国专利数据库高级检索界面

在 Select years（年代选择项）处选择检索时间从 1790 年开始至今，或 1976 年开始至今，然后在 Query 文本框中根据示例（Examples）输入对应的检索表达式：检索字段代码 / 检索词，检索词之间用布尔逻辑运算符 AND、OR、ANDNOT 进行逻辑组合，用"（）"改变运算优先级，系统自左向右依次执行运算，点击"Search"即可进行检索。高级检索界面提供字段框（图 4-23），

第四章
专利文献检索与利用

113

包括"Field Code（字段代码）"和"Field Name（字段名称）"的对照表，字段框内提供 55 个可供检索的字段。

Field Code	Field Name	Field Code	Field Name
PN	Patent Number	IN	Inventor Name
ISD	Issue Date	IC	Inventor City
TTL	Title	IS	Inventor State
ABST	Abstract	ICN	Inventor Country
ACLM	Claim(s)	AANM	Applicant Name
SPEC	Description/Specification	AACI	Applicant City
CCL	Current US Classification	AAST	Applicant State
CPC	Current CPC Classification	AACO	Applicant Country
CPCL	Current CPC Classification Class	AAAT	Applicant Type
ICL	International Classification	LREP	Attorney or Agent
APN	Application Serial Number	AN	Assignee Name
APD	Application Date	AC	Assignee City
APT	Application Type	AS	Assignee State
GOVT	Government Interest	ACN	Assignee Country
FMID	Patent Family ID	EXP	Primary Examiner
PARN	Parent Case Information	EXA	Assistant Examiner
RLAP	Related US App. Data	REF	Referenced By
RLFD	Related Application Filing Date	FREF	Foreign References
PRIR	Foreign Priority	OREF	Other References
PRAD	Priority Filing Date	COFC	Certificate of Correction
PCT	PCT Information	REEX	Re-Examination Certificate
PTAD	PCT Filing Date	PTAB	PTAB Trial Certificate
PT3D	PCT 371c124 Date	SEC	Supplemental Exam Certificate
PPPD	Prior Published Document Date	ILRN	International Registration Number
REIS	Reissue Data	ILRD	International Registration Date
RPAF	Reissued Patent Application Filing Date	ILPD	International Registration Publication Date
AFFF	130(b) Affirmation Flag	ILFD	Hague International Filing Date
AFFT	130(b) Affirmation Statement		

图 4-23　美国专利数据库高级检索字段框

如检索摘要中含有"aspirin"的专利文献，则输入检索式"ABST/aspirin"。

3. 专利号检索

点击"Number Search"即可进入专利号检索界面（图 4-24）。

在专利号检索界面上，只设有一个专利号检索入口输入框 Query，将已知的专利号输入检索框，点击"Search"即可。若需要查找多个专利，可将多个专利号同时输入，不同专利号间用空格隔开。具体的输入格式，可点击"Help"进行参考。

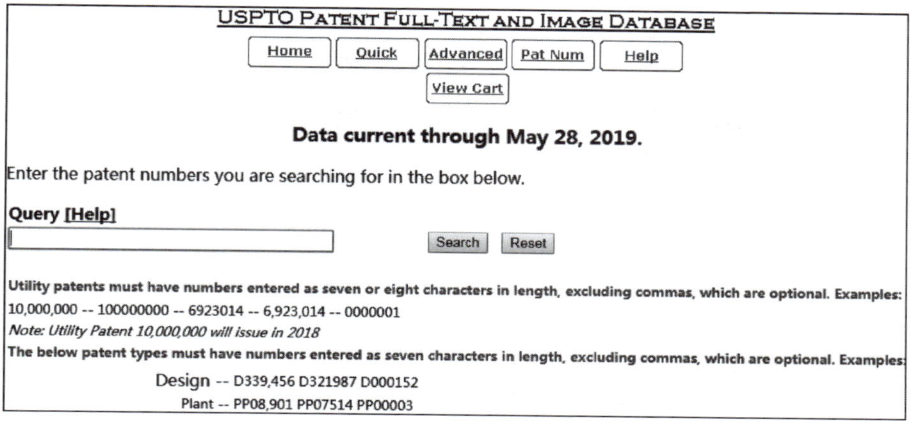

图 4-24　美国专利数据库专利号检索界面

（三）欧洲专利局 esp＠cenet 网络数据库

欧洲专利局网站（http://worldwide.espacenet.com）是由欧洲专利局、欧洲专利组织成员国及欧洲委员会共同研究开发的专利信息网上免费检索系统，可检索欧洲专利局及欧洲组织成员各国约 100 个国家或地区公开的专利文献，包括欧洲专利（EP），德国、法国、奥地利、比利时、意大利、芬兰、丹麦、西班牙、瑞典、爱尔兰、卢森堡、塞浦路斯等欧洲专利局成员国的专利。另外，它还可以检索国际专利信息、日本公开特许信息以及全世界范围内的 1.1 亿件专利文献。

欧洲专利局主页左侧提供三个检索途径：智能检索（Smart search）、高级检索（Advanced search）和分类号检索（Classification search）。

1. 智能检索

点击"Smart search"即可进入智能检索界面（图 4-25）。

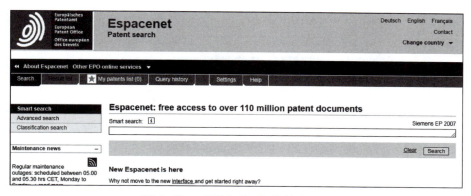

图 4-25　欧洲专利局智能检索界面

智能检索界面提供一个检索入口，可以输入最多 20 个检索词，检索词可以带有、也可以不带有检索字段标识符，每个检索词之间应该用空格或运算符隔开。

输入特定的检索词，并将检索词之间进行逻辑组合，构造一个完整的检索式即可进行检索。

2. 高级检索

点击"Advanced search"即可进入高级检索界面（图 4-26）。

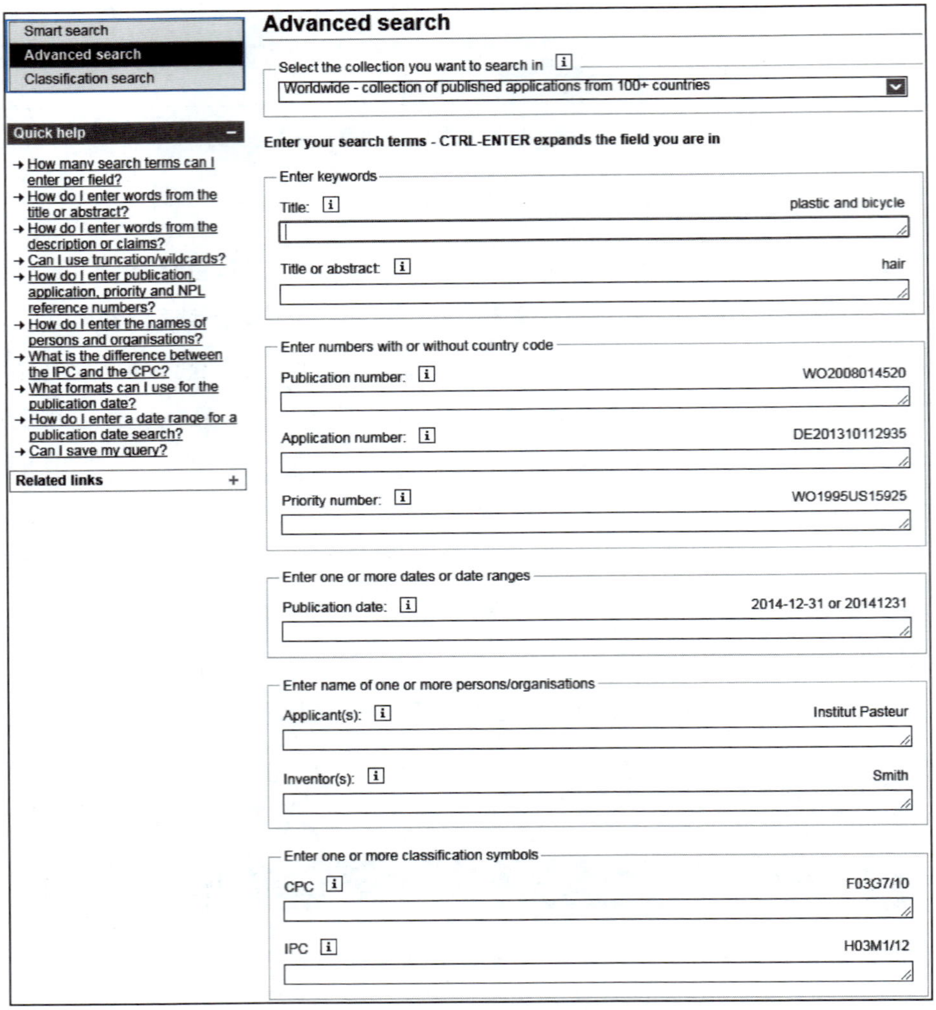

图 4-26　欧洲专利局高级检索界面

高级检索提供四个数据库进行选择（图 4-27）：世界范围专利数据库、英国范围专利数据库、法国范围专利数据库以及德国范围专利数据库。

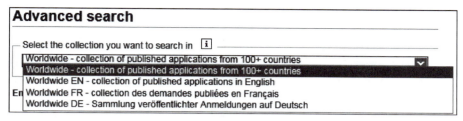

图 4-27　欧洲专利局高级检索数据库选择

在"Enter keywords"（输入关键词）处输入在题目、摘要和全文以及任何已发布的文件中可能出现的关键词进行搜索，最多可以输入 10 个检索词，以适当的操作符或者空格进行分隔。在"Enter numbers with or without country code"（输入带有或不带有国家代码的数字）处输入专利公告号、申请号、优先权号。在"Enter one or more dates or date ranges"（输入一个或多个日期范围）处输入专利公告日，可以以不同的格式输入（例如 YYYYMMDD）。在"Enter name of one or more persons/organisations"（输入一个或多个个人/机构的名称）处输入申请人或者发明人名称，申请人也可以是发明人，格式由姓氏和名字组成。在"Enter one or more classification symbols"（输入一个或多个分类符号）处输入合作专利分类系统号（Cooperative Patent Classification，简称 CPC 号）或者国际专利分类号（IPC）。

3. 分类号检索

点击"Classification search"即可进入分类号检索界面（图 4-28）。

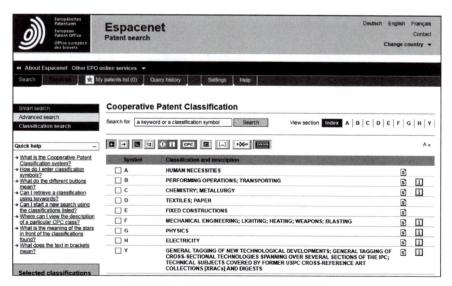

图 4-28　欧洲专利局分类号检索界面

第四章
专利文献检索与利用

117

欧洲专利局主要采用的是合作专利分类系统，在检索框处输入一个关键词或者一个分类号，进行检索。也可通过检索框下方的分类系统进行分级选择，先选择 A~H 及 Y 大部，再往下分级分部、大类、小类、主组、分组等进行细分选择检索。以下图 4-29 为例。

Symbol	Classification and description		
☐ A	HUMAN NECESSITIES	S	
	AGRICULTURE		
☐ A01	AGRICULTURE; FORESTRY; ANIMAL HUSBANDRY; HUNTING; TRAPPING; FISHING		
☐ A01G	HORTICULTURE; CULTIVATION OF VEGETABLES, FLOWERS, RICE, FRUIT, VINES, HOPS OR SEAWEED; FORESTRY; WATERING (picking of fruits, vegetables, hops or the like A01D 46/00; propagating unicellular algae C12N 1/12)	S D	!
▲ ☐ A01G 17/00	Cultivation of hops, vines, fruit trees, or like trees	D	
☐ A01G 17/04	• Supports for hops, vines, or trees		
☐ A01G 17/06	• • Trellis-work		
☐ A01G 17/08	• • • Tools {e.g. clips} for attaching hops, vines, or boughs to trellis-work; Tying devices		
☐ A01G 17/085	• • • • {Espalier machines; Tying machines}		

图 4-29　合作专利分类系统

第五章
参考文献管理

第一节　文献管理软件简介

参考文献的概念，源于科学研究时需要参考的各类文献资料。传统的科研参考文献，靠研究人员亲自查阅，然后手工摘录有关文献的信息，按照一定格式加工整理而成。在当今数字化的时代，随着论文和期刊数量的激增，当搜索到的文献总量积累到一定程度后，仅靠大脑记忆很辛苦。传统的手工式参考文献管理方法效率低下、容易遗漏的缺点逐渐显现，人们迫切需要一种高效、方便、准确地管理和利用参考文献的工具，因此文献管理软件应运而生。

文献管理软件的主要功能包括：

一、文献检索

在 CNKI、Google、Baidu 等数据库或者搜索引擎中检索并下载保存到分类目录中。

二、文献管理

追踪某一方向研究进展；标记重要文献和近期需要阅读的文献，对阅读后的文献添加笔记；对下载的电子文献进行有效管理。

三、论文写作

方便引用参考相关文献，一次录入文献信息即可按照不同需要而以不同的文献著录格式输出；当修改文内引用时，参考文献的编排可随之自动增、删、调、改，避免了烦琐的人工调整，并可减少人为差错；自动转换论文格式，管理软件中通常内置丰富的引文格式模板与重要期刊的论文格式模板，使科技论文的撰写更加规范和轻松。

四、学术文献收集和管理功能

将平时所积累的各类文献予以收集和整理，以便于在撰写论文时进行规范化的引用进而生成相应的参考文献索引。

常见文献管理软件有 Endnote，Reference Manager，以及基于网络的 RefWorks。其中 Endnote 是极受欢迎、极好用的软件。中文文献管理软件中，有 NoteExpress、文献之星等，其中 NoteExpress 是目前使用较多的中文文献管理软件。

第二节　Endnote 文献管理软件

一、Endnote 基本原理

Endnote 通过将不同来源的文献信息资料下载到本地，建立本地数据库，可以方便地实现对文献信息的管理和使用。工作原理如图 5-1 所示。

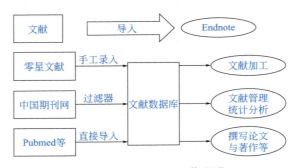

图 5-1　Endnote 工作原理

通过将不同来源的数据整合到一起，自动提出重复的信息，避免重复阅读。同时可以非常方便地进行数据库检索。另一个重要功能是，在撰写论文、报告或书籍时，Endnote 可以非常方便地管理参考文献格式，还可以做笔记，以及进行某一笔文献相关资料的管理，如全文、网页、图片和表格等。

二、Endnote 的常见功能和使用

（一）菜单介绍

1. Endnote 主菜单

Endnote 主菜单如图 5-2 所示。

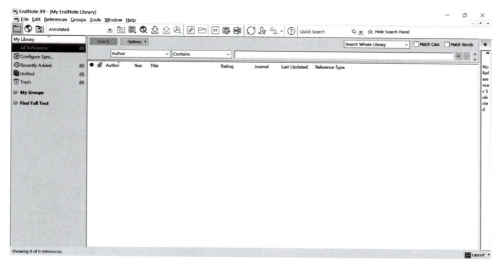

图 5-2　Endnote 主菜单

2.File 菜单

File 菜单如图 5-3 所示。

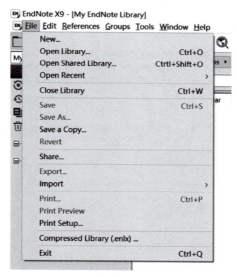

图 5-3　File 菜单

① New：新建一个数据库。

② Open Library：打开数据库。

③ Open Shared Library：打开他人通过 EndNote Web 账号分享的数据库。

④ Open Rencent：打开近期打开的数据库，以便快速打开。

⑤ Close Library：关闭当前数据库。

⑥ Save：保存当前数据。

⑦ Savea a Copy：保存一个备份。

⑧ Revert：对未保存的修改进行恢复操作。

⑨ Share: 将自己的数据库通过 EndNote Web 账号分享给他人。

⑩ Export：将数据库的文献信息以某种格式输出；可以选择按照某种期刊参考文献格式输出，也可以输出全部信息。

⑪ Import：用于导入来自其他软件的数据库文件，以及文本格式的文献信息。

⑫ Print：打印选中的相关文献。

⑬ Print Preview：打印预览选中的文献信息。

⑭ Print Setup：打印设置。

⑮ Compressed Library：可以将数据库所有相关文件压缩成一个文件，便于拷贝传输。

3. Edit 菜单

Edit 菜单如图 5-4 所示。

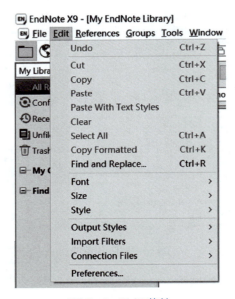

图 5-4　Edit 菜单

内容包括文献记录的拷贝粘贴、将一条记录拷贝成特定期刊的参考文献格式、批量替换内容、字体以及格式设定、参考文献的输出格式设定、其他来源的文献信息导入 Endnote 时的格式转换、连接数据库的管理以及偏好设定等内容。

① Copy Formatted：以选择的杂志格式拷贝选定的参考文献，可以直接粘贴到写字板或 Word 等文字处理软件中。

② Find and Replace：批量替换字符串。

③ Font、Size、Style：设定字体、字号、字形等。

④ Output Styles：设置或选择文献输出的格式。

⑤ Import Filters：将其他数据库文献或文本文献导入 Endnote 时，需要选择合适的转换格式，也可以自行设定合适的转换格式。

⑥ Connection Files：选择要链接的数据库。

⑦ Preferences：偏好设定，点击 Display Field 会进入设置窗口，可以设定在程序主界面希望显示的栏位和次序。

4. References 菜单

References 菜单如图 5-5 所示。

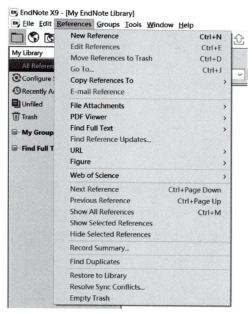

图 5-5　References 菜单

① New Reference：插入一条新文献记录。

② Move References To Trash：删除参考文献。

③ Copy References to：将参考文献复制到数据库。

④ File Attachments：可将文献 PDF 全文及链接加载到文献题录中，以便从 Endnote 直接打开和阅读文献。

5. Groups 菜单

Groups 菜单如图 5-6 所示。

其作用为将文献库中的文献分成若干组以方便用户对文献进行分类管理及浏览。

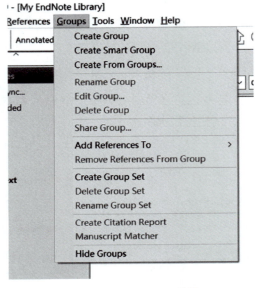

图 5-6　Groups 菜单

6. Tools 菜单

Tools 菜单如图 5-7 所示。

① Online Search：链接到常用数据库检索，如果不在最近打开的链接中，可以到 Edit-Connection Files-Open Connection Manager 进行设定。

② Format Paper：将某篇文章中临时引用的文献转换成指定的参考文献格式。

（二）数据库的建立

建立数据库就是将不同来源的相关资料放到一个文件中，汇聚成一个数据库文件，同时剔除来源不同的相同文献信息，便于分析、管理和应用。

运行 Endnote 后，利用 File 菜单中的 New 子菜单，可以建立一个 Endnote 空数据库文件。Endnote 建立数据库的方式有四种：手动输入、直接联网检索、网站输出、格式转换。其中手动输入主要针对少数几篇文献，无法应付大量的文献

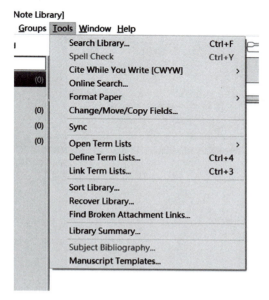

图 5-7　Tools 菜单

工作；格式转换相对来说比较麻烦，一般不会采用。此处仅就直接联网检索和网站输出做详细介绍。

1. 直接联网检索

① 打开在线搜索（Online Search Mode），出现如图 5-8 所示的界面，选择常用的数据库如 Pubmed，在搜索框中按照检索策略进行检索。

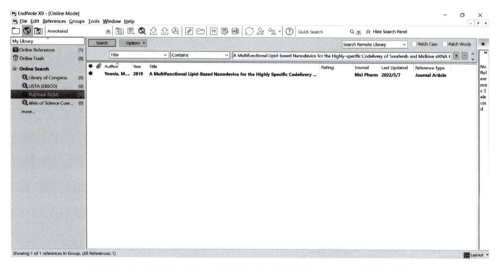

图 5-8　Online Search Mode 界面（Pubmed 数据库）

第五章　参考文献管理

125

② 选中刚刚在线查获的文献，点击 Create Custom Group（图 5-9）；切换到 Local Library Mode，即可将文献题录保存在 Local Library Mode 中的 New Group 里（图 5-10）。

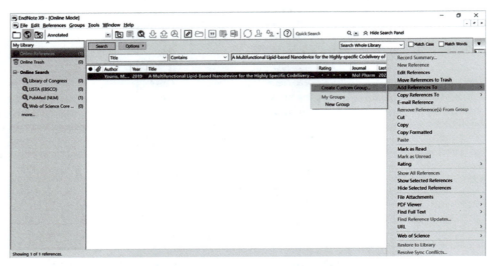

图 5-9　从 Online Search Mode 新建 New Group 界面

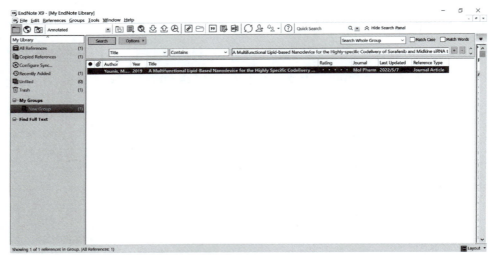

图 5-10　Local Library Mode 界面

2. 网站输出

目前网上多数的数据库都提供输出文献到文献管理软件的功能。以 CNKI 为例。在 CNKI 中按照检索策略找到所需文献后，在文献标题下方选择"导出/参考文献"（如图 5-11），显示文献管理中心后，选择 Endnote（如图 5-12 所示），点击"导出""下载"后,可将文献加入到用户组中。

图 5-11　CNKI 检索结果

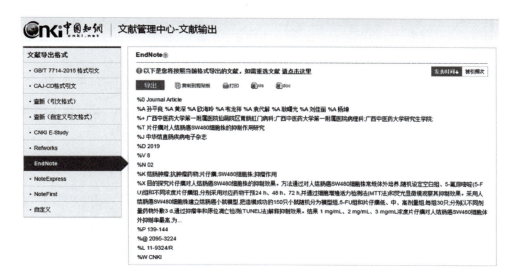

图 5-12　链接到 Endnote

(三)利用 Endnote 撰写论文

Endnote 功能之一是在撰写论文或书籍时,可以在 Word 文档中自动编排文献格式。

第一种方式，在 Word 中将鼠标指在要插入文献的位置，然后转换到 Endnote 程序中，选择要引用的参考文献，点击工具条上的"Insert Selected Citations"，即可将选定的文献插入到该指定位置。

第二种方式，在 Endnote 数据库中，选择要插入的文献，右键单击，选择 Copy，回到 Word 中，右键单击要插入文献的位置，粘贴即可。

第三种方式，在 Word 中将鼠标指在要插入文献的位置，选定要插入的文献，在 Endnote 中点击上面的"Insert Citations"，即可将文献插入相应位置。如图 5-13 所示。

图 5-13　利用 Endnote 插入参考文献

注意选择合适的输入样式，许多国内期刊及论文均使用数字上标的形式表示引用，而 OutPut Styles 列表中提供的 Numbered 的标号不是上标。这时应该单击 Browse，在列表中选择 Chinese Std GBT7714。

（四）Output Style 的修改

在 Endnote 主界面，点击 Edit-Output Style-Open Style Manager，在已有期刊格式中，可以选择自己需要的期刊格式（如图 5-14）。

如果没有完全符合要求的期刊格式，可以找一种比较相近的期刊进行修改，例如 ACS Copy 格式，进入到编辑界面，如图 5-15 所示：

Page Numbers 一栏，可以设定页码，有些杂志的页码全部显示，如 1256—1265，有些终止页只显示后两位，如 1256—65，可根据需要设定。

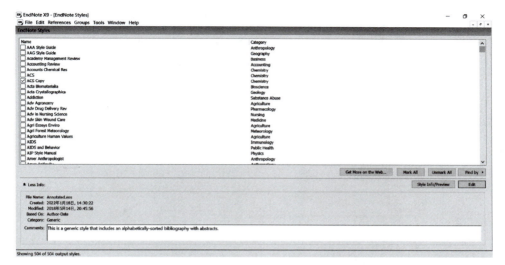

图 5-14　Endnote 中期刊格式种类

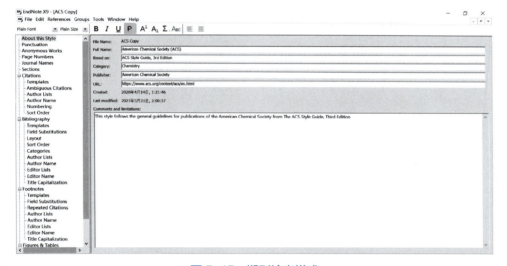

图 5-15　期刊输出样式

Citations 部分，可在设定文章中修改参考文献引用的标记格式，如[1]，（1）或者 1。

Bibliography 部分，可以设定参考文献的格式，例如 Nature 杂志的引用格式为"Author,Journal|Volume|(Issue)|,Pages|（Year）|."。可在文献信息中按照文档编辑的方式，修改相应信息的字体、下划线等（图 5-16）。

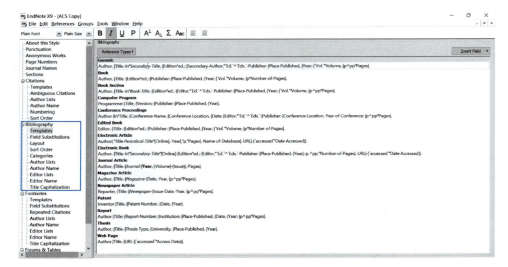

图 5-16　修改输出样式

第六章
论文写作

第一节　论文撰写的步骤和方法

一、论文的立题

立题是论文写作的关键一步，提出问题往往比解决问题更重要。立题的好坏直接影响着论文的质量和成败。

立题的一般原则如下所示。

1. 科学性原则

学术论文写作中各类文体都强调科学性。严格遵守选题的科学性原则是论文写作的根本。为此要求所写的内容真实、客观，来不得半点虚假。

2. 创新性原则

立题要有新意，从文献调研入手，了解学科最新的研究成果和进展，从而选定课题。

3. 可行性原则

立题的难度要适当，着重考虑是否有能力顺利完成、是否有充足经费支撑、相应硬件是否配备等条件。

4. 规范性原则

规范性是科技写作不同于文学创作或人文科学写作的一个重要特点，它是指学术论文所呈现的科学化、标准化形态，这是学术论文进行传播和发展的前提。

二、论文写作的构思

在搜集充分的文献资料后，应对论文有总体的构思。构思论文时应做到观点鲜明、重点突出、层次分明、详略得当、结构严谨。构思是写作的基本功，需要在平时阅读和写作时逐步提高。在论文写作时，通常先拟定提纲，搭好框架，然后反复思考、修改、补充和不断完善。

三、撰写提纲

提纲是全文的框架，作者在构思之后，应先拟定一个较为详细的写作提纲以便进行撰写。提纲的主要内容应包括：题名、前言、材料和方法、结果、讨论、结论。

四、写成初稿

论文初稿应尽量全面、丰满，若过于单薄，将会给后期的修改带来困难。论文初稿也要合乎文体规范，论点、论据、论证齐全，纲目分明，合乎逻辑，符号、单位规范。

五、修改定稿

论文修改是对论文初稿不断深化与完善的过程，也是对表达形式不断优化的过程。论文修改时应反复阅读初稿，从论文的基本观点、主要论据是否成立，全文布局是否合理，论点是否明确，结论是否恰当、可靠，全文各部分之间的衔接是否紧密着手，然后逐字逐句推敲，找出毛病并一一指正。

第二节　论文的撰写格式

论文需要有统一的撰写格式。作为医药类科技论文，其基本构成一般分为 ① 前置部分：题目、作者署名、摘要、关键词、分类号（必要时）；② 主题部分：前言、正文（材料与方法、结果）、讨论、结论、致谢、参考文献；③ 附录部分（必要时）；④ 结尾部分。

一、题目

题目，又称篇名，应对综述内容起到概括和揭示的作用，要确切、简明、一目了然，能吸引读者、便于检索，且文题相符，切不可小题大做或文不对题。题目既要简短精炼，又要有必要的信息量，中文一般不超过 25 个字，英文不超过 100 个字符。在保证题目能够准确反映文章内容的前提下，题目字数越少越好，但也不可一味追求字数少而影响题目对内容的恰当表达。少用问题型的题目，少用非标准化的缩写。尽量不用副篇名，如为了补充完善篇名而必须设立副篇名，应以圆括号或破折号将其与正篇名分开（图6-1）。

专题研究 ZHUANTI YANJIU

我国高职教育"走出去"的实践、动力与发展
——基于全国1298所高职院校年度质量报告的分析

□张菊霞 刘亚西 祝蕾

图6-1 期刊中含有副篇名的案例

二、作者署名

作者署名是文责自负和拥有著作权的标志，便于读者与作者的联系及文献检索。著名的应是参加论文撰写的主要人员，按贡献大小先后排列。作者署名可以是个人，也可以是团体，署名一般应使用真实姓名，多作者姓名之间用","分开。作者单位及通信地址应用全称，不得用简称，写在姓名下一行，并注明地区及邮政编码，同时，在篇首页页脚标注主要作者简介（如图6-2），内容包括姓名、性别、出生年月、学历、学位、职称、研究方向、E-mail、联系电话等（作者简介也可放在文章最后，视投稿期刊要求进行标注）。

三、摘要

摘要是以提供文章内容梗概为目的，不加评论和补充解释，简明、确切地记述文章重要内容的短文。其基本要素包括研究的目的、方法、结果和结论。摘要应具有与文献同等量的主要信息，即使不阅读全文，也能获得必要的信息。例如，一篇发表在《中国肿瘤》中的论文摘要如下。

[目的] 探讨二代基因测序（next generation sequencing，NGS）在胶质瘤治疗和预后中的临床意义。[方法] 收集郑州大学第一附属医院2017年6月至2019年6月收治的88例胶质瘤患者。所有患者的术后组织标本均经过NGS，分析突变基因对肿瘤突变负荷（tumor mutation burden，TMB）的影响，并对2年无进展生存期（progression-free survival，PFS）和2年总生存期（overall survival，OS）的影响因素进行单因素和多因素分析。[结果] 每例患者均检测了520个基因，其中

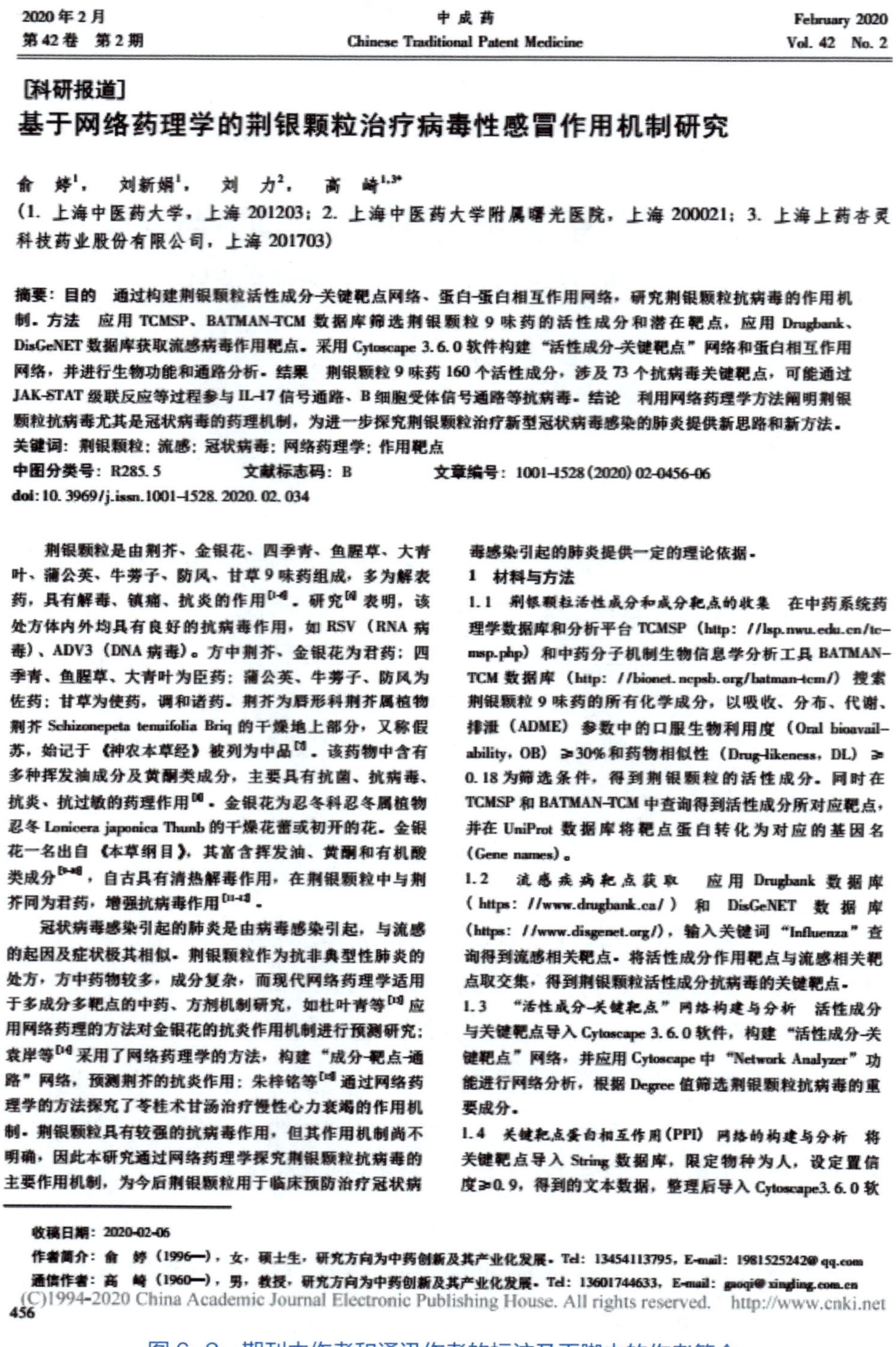

2020年2月　　中成药　　February 2020
第42卷　第2期　　Chinese Traditional Patent Medicine　　Vol. 42　No. 2

[科研报道]

基于网络药理学的荆银颗粒治疗病毒性感冒作用机制研究

俞　婷[1]，　刘新娟[1]，　刘　力[2]，　高　崎[1,3*]
(1. 上海中医药大学，上海 201203；2. 上海中医药大学附属曙光医院，上海 200021；3. 上海上药杏灵科技药业股份有限公司，上海 201703)

摘要：目的　通过构建荆银颗粒活性成分-关键靶点网络、蛋白-蛋白相互作用网络，研究荆银颗粒抗病毒的作用机制。**方法**　应用 TCMSP、BATMAN-TCM 数据库筛选荆银颗粒 9 味药的活性成分和潜在靶点，应用 Drugbank、DisGeNET 数据库获取流感病毒作用靶点。采用 Cytoscape 3.6.0 软件构建"活性成分-关键靶点"网络和蛋白相互作用网络，并进行生物功能和通路分析。**结果**　荆银颗粒 9 味药 160 个活性成分，涉及 73 个抗病毒关键靶点，可能通过 JAK-STAT 级联反应等过程参与 IL-17 信号通路、B 细胞受体信号通路等抗病毒。**结论**　利用网络药理学方法阐明荆银颗粒抗病毒尤其是冠状病毒的药理机制，为进一步探究荆银颗粒治疗新型冠状病毒感染的肺炎提供新思路和新方法。

关键词： 荆银颗粒；流感；冠状病毒；网络药理学；作用靶点
中图分类号： R285.5　　**文献标志码：** B　　**文章编号：** 1001-1528(2020)02-0456-06
doi: 10.3969/j.issn.1001-1528.2020.02.034

荆银颗粒是由荆芥、金银花、四季青、鱼腥草、大青叶、蒲公英、牛蒡子、防风、甘草9味药组成，多为解表药，具有解毒、镇痛、抗炎的作用[1-4]。研究[4]表明，该处方体内外均具有良好的抗病毒作用，如 RSV（RNA 病毒）、ADV3（DNA 病毒）。方中荆芥、金银花为君药；四季青、鱼腥草、大青叶为臣药；蒲公英、牛蒡子、防风为佐药；甘草为使药，调和诸药。荆芥为唇形科荆芥属植物荆芥 Schizonepeta tenuifolia Briq 的干燥地上部分，又称假苏，始记于《神农本草经》被列为中品[5]。该药物中含有多种挥发油成分及黄酮类成分，主要具有抗菌、抗病毒、抗炎、抗过敏的药理作用[6]。金银花为忍冬科忍冬属植物忍冬 Lonicera japonica Thunb 的干燥花蕾或初开的花。金银花一名出自《本草纲目》，其富含挥发油、黄酮和有机酸类成分[7-10]，自古具有清热解毒作用，在荆银颗粒中与荆芥同为君药，增强抗病毒作用[11-12]。

冠状病毒感染引起的肺炎是由病毒感染引起，与流感的起因及症状极其相似。荆银颗粒作为抗非典型性肺炎的处方，方中药物较多，成分复杂，而现代网络药理学适用于多成分多靶点的中药、方剂机制研究，如杜叶青等[13]应用网络药理的方法对金银花的抗炎作用机制进行预测研究；袁岸等[14]采用了网络药理学的方法，构建"成分-靶点-通路"网络，预测荆芥的抗炎作用；朱梓铭等[15]通过网络药理学的方法探究了苓桂术甘汤治疗慢性心力衰竭的作用机制。荆银颗粒具有较强的抗病毒作用，但其作用机制尚不明确，因此本研究通过网络药理学探究荆银颗粒抗病毒的主要作用机制，为今后荆银颗粒用于临床预防治疗冠状病毒感染引起的肺炎提供一定的理论依据。

1　材料与方法

1.1　荆银颗粒活性成分和成分靶点的收集　在中药系统药理学数据库和分析平台 TCMSP（http://lsp.nwu.edu.cn/tcmsp.php）和中药分子机制生物信息学分析工具 BATMAN-TCM 数据库（http://bionet.ncpsb.org/batman-tcm/）搜索荆银颗粒 9 味药的所有化学成分，以吸收、分布、代谢、排泄（ADME）参数中的口服生物利用度（Oral bioavailability，OB）≥30%和药物相似性（Drug-likeness，DL）≥0.18 为筛选条件，得到荆银颗粒的活性成分。同时在 TCMSP 和 BATMAN-TCM 中查询得到活性成分所对应靶点，并在 UniProt 数据库将靶点蛋白转化为对应的基因名（Gene names）。

1.2　流感疾病靶点获取　应用 Drugbank 数据库（https://www.drugbank.ca/）和 DisGeNET 数据库（https://www.disgenet.org/），输入关键词"Influenza"查询得到流感相关靶点。将活性成分作用靶点与流感相关靶点取交集，得到荆银颗粒活性成分抗病毒的关键靶点。

1.3　"活性成分-关键靶点"网络构建与分析　活性成分与关键靶点导入 Cytoscape 3.6.0 软件，构建"活性成分-关键靶点"网络，并应用 Cytoscape 中"Network Analyzer"功能进行网络分析，根据 Degree 值筛选荆银颗粒抗病毒的重要成分。

1.4　关键靶点蛋白相互作用（PPI）网络的构建与分析　将关键靶点导入 String 数据库，限定物种为人，设定置信度≥0.9，得到的文本数据，整理后导入 Cytoscape3.6.0 软

收稿日期：2020-02-06
作者简介：俞　婷（1996—），女，硕士生，研究方向为中药创新及其产业化发展。Tel：13454113795，E-mail：1981525242@qq.com
通信作者：高　崎（1960—），男，教授，研究方向为中药创新及其产业化发展。Tel：13601744633，E-mail：gaoqi@xingling.com.cn

图 6-2　期刊中作者和通讯作者的标注及页脚中的作者简介

TP53 基因突变、IDH1 基因突变及 CDKN2B 基因突变是影响 TMB 的独立危险因素（P<0.05）。IDH1 基因突变、PTEN 基因突变是影响 2 年 PFS 的独立因素（P<0.05）。TMB 和 PTEN 基因突变是影响 2 年 OS 的独立因素（P<0.05）。[结论] NGS 增加了胶质瘤中有意义的突变基因的检出率，尤其是一些罕见基因，可以用于指导患者的治疗和预测患者的预后。

上述摘要将目的、方法、结果和结论四种元素加以区分，结构清晰明了，便于编辑、审稿和阅读。多数论文不直接标明四要素，而是按照逻辑关系连续写出。如下所示。

摘要：新冠病毒主蛋白酶（main protease，Mpro）通过水解多聚蛋白质体（polyprotein）调控病毒基因组 RNA 复制，且人体不存在其同源蛋白酶，这使 Mpro 成为抗新冠病毒药物开发的理想靶标之一。本研究基于荧光偏振技术（fluorescence polarization，FP）和生物素-亲和素反应（biotin-avidin system，BAS）原理，成功地建立了三明治样荧光偏振筛选模型用于 Mpro 小分子抑制剂的快速筛选。通过对天然产物化合物库进行高通量筛选，发现了漆树酸（anacardic acid，AA）是 Mpro 的竞争型抑制剂，1,2,3,4,6-O-五没食子酰葡萄糖（1,2,3,4,6-O-pentagalloylglucose，PGG）是 Mpro 的混合型抑制剂，且已报道的部分抑制剂是非特异性 Mpro 小分子抑制剂。文中建立的三明治样荧光偏振筛选模型具有良好的简便性、灵敏性和稳定性，初步证实了漆树酸和 PGG 是一类新型苗头化合物，建立科学严谨的活性评价体系对于抗新冠病毒药物的筛选与发现是至关重要的。

摘要不要对论文内容做诠释和评论，应避免过分简单或空泛冗长，字数一般在 150～300 字左右，不宜超过 300 字；要使用规范化的名词术语和惯用的缩略词或符号，不用图和表格，一般不用数学公式和化学结构式；用第三人称，建议采用"对……进行研究""报告了……现状"等表述方法，理工类、医学论文避免使用"笔者""作者""本人"等作为主语。

四、关键词

关键词是从题目、层次标题和正文中选出来的，能反映论文主题概念的词或词组，是表达文献主题概念的自然语言词汇，是学术论文的文献检索标识。关键词一般为 3～8 个，避免使用分析、特性等普通词组，多个关键词之间用分号（；）分隔。

五、分类号

中文学术论文应按照《中国图书馆分类法》对论文标引分类号，一篇论文一般提供一个分类号，涉及多学科的可给出几个分类号，主分类号排在第一位。

六、前言

前言又称概述，是正文的引言或者介绍，能起到破题作用，简明扼要地介绍该综述的学术意义、内容主题和撰写目的，与文章题目相呼应，使读者能对全文有一个基本了解。前言既要开宗明义，又需短小精炼，字数一般控制在 300～500 字之内。前言要写清以下内容：① 说明写作的目的、研究领域；② 阐述有关概念的定义；③ 阐述本次综述的框架。举例如下。

姜黄素（curcumin，CUR）是从姜科姜黄属姜黄、郁金、莪术等植物根茎中提取出的一种植物多酚化合物 [1]。它在自然界中包含多种不同的化学结构，主要是由 CUR（77%）、去甲氧基姜黄素（17%）和二去甲氧基姜黄素（6%）组成 [2-3]，其中 CUR 是最主要的活性成分。研究表明，CUR 具有抗肿瘤 [4-5]、抗炎 [6]、抗氧化 [7]、抗纤维化 [8] 等药理作用，非常具有开发前景。近年来，CUR 的抗肿瘤作用备受药学工作者的关注，被建议用作各种癌症的预防和治疗，如胃肠道癌、黑色素瘤、泌尿生殖系统癌症、肺癌等。在分子水平上，CUR 不但有效地抑制细胞增殖和转移，而且通过调节多种炎症因子、肿瘤坏死因子、干扰素、转录因子、生长因子、蛋白激酶等诱导细胞凋亡 [9-10]。但 CUR 难溶于水，且生物利用度低，从而限制了其制剂的开发和应用 [11]。近年来，CUR 新型载体给药系统的研发为其临床应用开辟了广阔的前景。现就近年来国内外 CUR 抗肿瘤新型纳米制剂的种类、细胞学和动物实验进行综述，为其研发与应用提供依据。

七、正文

正文是全文的主体部分，以论证过程为主线，一般程序是：提出问题，展开讨论，罗列证据，分析论点，得出结论，其间大多还进行历史回顾和现状介绍等。正文大多采用大标题下分列小标题方式展开，每段开头以论点引路，以论点带论据方式进行叙述，引用资料以使用公开出版的文献为原则，并尽可能引用近年出版的文献，引文应如实反映原文的观点及数据。正文的字数视内容而定，与一般论著一样，应控制在 3000～5000 字以内。

正文包括材料与方法、讨论与结果，是用论据证明论点、表述科研成果的核心部分，应占主要篇幅。论文的学术水平和价值主要表现在正文部分。正文中记述的数据、事实可靠真实，则论据就比较有力，使人信服。

（一）材料与方法

这部分内容提供了研究工作中的原始资料，是论文中论据的主要内容。重点介绍研究对象、实验材料、方法及研究的基本过程。包括用逻辑顺序精确地描述新方法，并指明方法借鉴的参考文献，表明采用方法的目的等。

论述要点通常包括以下几部分内容。

① 仪器设备：应说明所用仪器的名称、型号、制造的国别和厂家等详细的参数；

② 试剂药品：如材料的来源、制备、选择标准，包括普通名、剂量、服用规则等。尽量避免使用商标名；

③ 实验对象：选用的观察或试验的对象（患者或实验动物，包括对照组）。指明年龄、性别、选择标准及特征等。生物体尽量采用科学分类等规范名字，避免用实验室的俗称。涉及人的实验应求得自愿；

④ 实验方法：表述要精确，包括观察和记录的指标，涉及计量和单位的问题，要根据国家最新法定计量和单位的标准进行表达；

⑤ 实验程序、操作规程要点包括获得结果的过程；

⑥ 统计方法：描述统计学方法要详细，使读者容易理解，并能依据原始数据证实报告的结果。

（二）结果

描述实验所得的数据与事实结果，是论文的关键部分。实验成败由此判断，一切推理结论由此导出，所以结果不是原始资料的堆砌和原始数据的展示，而是将所得的原始资料或数据充分表达出来，要求具体、真实、清楚、准确。

1. 图表

图表是一种形象语言，起着文字叙述难以表达的作用，在多数论文中，图表所占篇幅少于文字，且不与文字叙述重复，能节省篇幅。图表容易对比、帮助理解。图更直观、明了；表则数据精确、紧凑。图表力求少而精，凡可用文字表述清楚的资料，不必另做图表。图应有自明性，只看图、图例和图题，不阅读正文，就可理解图意。每一图应有简短确切的图题，连同图号置于图下方。为了便于读者理解，有时将图上符号、标记和实验条件等，用最简短精炼的文字横排于图解下方，作为图例说明。

2. 照片

照片是诊断或疗效的客观记录，直观性较强，具有说服力。要求清晰，层次分明，对比度好。显微镜下的图片应标注放大倍数和染色方法。

3. 统计表

统计表要简单明了，应按统计学制表原则进行制作。推荐使用"三线表"，两端开口，不用纵线，表头左角不用斜线，表中除项目栏外，一般不用横线。每一表应用简短确切的表题连同表号置于表上。必要时，应将表中的符号、标记、代码所需要说明的事项，以最简练的文字，作为表注横排于表下。

八、讨论

讨论是将研究结果从感性认识提高到理性认识的部分，是科研成果的总结性说明。它是论文的核心之一，讨论的前提和基础是前言部分和正文中材料与方法、实验结果所介绍的内容。从理论上对实践结果进行分析、比较、解释、推论、预测等方面的阐述。论文水平的高低和价值的大小可在讨论中表现出来，因此也是最难写的部分。讨论的具体内容可包括：① 分析实验结果，提出科学理论依据；② 有什么创新，能解决什么理论或实际的问题；③ 将本研究结果与当前国内外相关研究进行比较，找出异同点，并对异同的可能原因进行探讨；④ 指出成功的经验和失败的教训；⑤ 对本研究结果的可能误差，以及值得商榷的问题，提出进一步的建议和设想；⑥ 讨论结果一般要作出高度概括的论断即结论，是论文的最后归宿。

讨论语言要简明扼要，不要重复叙述，不能隐瞒缺点。引用他人的定理、公式、数据以及重要结论性意见，要注明来源，反对不恰当地引经据典。

九、结论

结论即论文最后结论的提出。著者在此对全文进行一个简要的概括和总结，与前言部分呼应，指出本综述所涉及的专题研究中存在的问题和未来发展动向，或提出自己的意见或评价。字数一般在 300 ~ 500 字之内。

十、致谢

提供资助、便利条件的组织或个人；提出建议和帮助的人；给予转载和引用权的资料、图片、文献等的所有者；参与部分技术操作，但不署名者。

十一、参考文献

参考文献是指那些作者亲自阅读过和论文中引用过，而且是正式发表的出版物，故一般又称之为引文。

（一）参考文献在正文中的标注方法

按正文中引用的文献出现的先后顺序用阿拉伯数字连续编码，并将序号置于方括号中。同一处引用多篇文献时，将各篇文献的序号在方括号中全部列出，各序号间用逗号"，"，如"……[5,7,10]"。如是连续序号，可标注起讫号"－"，如"……[1-4]"。同一文献在论文中被引用多次，只编一个号，引文页码放在"[ ]"，文献表中不再重复著录页码。如文中写出索引文献的著者，则引文页码放在原著者的右上角，如"某某等[6]报道了……"，如不出现引文作者的名字，则标在该句（段）引文结束的右上角、标点符号之前，如"……之间的关系值得进一步探讨[7]"。在文末按正文部分标注的序号依次列出所有的参考文献。

（二）常用参考文献格式范例

1. 期刊文献

[序号]主要责任者前3名[3人以上写前3位，后加等（中文）、etal（西文）]. 论文题目[J]. 刊名，年，卷（期）：起止页．

示例：

[1]郭树攀，王汝涛，赵熠，等．两种晶型异丙双酚片剂的比格犬药代动力学研究[J]．药学学报，2019,54(06):1088-1091.

2. 专著

[序号]主要责任者前3名（多于3名加等）.文献题名[M]. 版次（第一版不用写）. 出版地：出版者，出版年：起止页码（任选）.

示例：

[1]钟毅．药物化学[M]. 第2版．北京：中国医药科技出版社，2013:12-15.

3. 专著或论文集中析出的文献

[序号]析出主要责任者.析出题名[文献类型标志]//主要责任者.题名.版本项.出版地:出版者,出版年:页码.

示例:

[1] 林庚金.消化性溃疡[M]//陈灏珠.实用内科学.第10版.北京:人民卫生出版社,1997:1565.

[2] 贾东琴,柯平.面向数字素养的高校图书馆数字服务体系研究[C]//中国图书馆学会.中国图书馆学会年会论文集:2011年卷.北京:国家图书馆出版社,2011:45-52.

4. 会议录、论文集

[序号]析出责任者.析出题名//主编.论文集名[C].(供选择项:会议名,会址,开会年)出版地:出版社,出版年:起止页码[引用日期].

示例:

[1] 王志雄.海洋高新技术发展研讨会论文集[C].北京:海洋出版社,2000:466-470.

5. 专利文献

[序号]专利所有者.专利题名:专利国别,专利号[P].公告日期或公开日期.

示例:

[1] 李志成,郑明坤,王凤娇,等.一种广式月饼糖浆的制备方法:中国专利,CN109315571B[P].2021-12-24.

6. 学位论文

[序号]主要责任者.文献题名[D].保存地:保存单位,年份:页码范围[引用日期].

示例:

[1] 孙静静.柴胡挥发油复方涂膜剂解热镇痛作用与药动学研究[D].南京:南京农业大学,2014:48-50.

7. 报告

[序号]主要责任者.文献题名[R].报告地:报告主办单位,年份:页码[引用日期].

示例:

[1] 冯西桥. 核反应堆压力管道与压力容器的 LBB 分析［R］. 北京：清华大学核能技术设计研究院,1997: 21-23.

8. 报纸文章

［序号］主要责任者. 文献题名［N］. 报纸名，出版年－月－日（版次）［引用日期］.

示例：

[1] 喻思南. 开辟水稻育种新途径［N］. 人民日报,2022-04-18(019).

9. 电子文献

［序号］主要责任者. 电子文献题名［文献类型标识］. 电子文献的出处或可获得地址，发表或更新日期/引用日期.

示例：

[1] 王明亮. 关于中国学术期刊标准化数据库系统工程的进展［EB/OL］. http://www.cajcd.edu.cn/pub/wml.txt/980810-2.html,1998-08-16/1998-10-04.

十二、附录部分

附录是论文的补充部分，不是必需的。不便放在正文中的图、表、缩写、公式推导过程可放在附录中。

第三节　论文的投稿

学术论文大多通过学术期刊发表，也有的通过学术会议的论文集或专业报纸发表，前者是学术论文发表的主要形式。投稿一般是指作者向学术期刊投寄学术论文。投稿要讲究方法，如果投稿不当会影响论文的发表率。为了提高论文的发表率，投稿时应注意以下几个问题。

一、选择期刊

学术期刊一般都有明确的办刊方针。办刊方针规定了学术期刊的性质、任务、报道范围、读者对象、刊期、版面以及发行方式。投稿时尤其要注意它的报道范围和刊期。若投寄的稿件不在其报道范围内，自然不会予以发表。刊期短者，发文的速度快且用稿量相对较大，刊期长者，发文的速度慢且用稿量相对较小。投寄稿件前要充分考虑自己论文的内容和水平，投寄给相应的期刊。

学术期刊有正式出版者，也有非正式出版者。鉴别标志是其是否有正式刊号，即 ISSN 号或 CN 号，前者是国际统一刊号，后者是国内统一刊号。学术期刊根据其主办单位的级别也可分为国家级、省级、地市级等。一般来说，主办单位的级别愈高，其刊物的档次愈高，对论文的要求愈高。除此之外，学术期刊还有核心期刊和非核心期刊之分。核心期刊是指在本学科中刊载专业学术论文量（率）大，引用量（率）及文摘量（率）、利用量（率）高，被专家公认为代表该学科或该专业领域发展水平和方向的少数期刊。核心期刊具有学术的权威性，对论文的质量要求更高。

二、不要一稿多投

　　一稿多投是指同一作者的同一论文同时向多家期刊投稿。这样容易造成多家刊物同时或先后发表同一篇论文，造成重复发表，有损作者和期刊的声誉。但在内部刊物上刊登过的文章可以再投公开发行的刊物（刊出时加以注明）。

参考文献

[1] 刘泰洪. 文献检索与综述实训教程[M]. 北京：中国人民大学出版社，2018.

[2] 王立诚. 科技文献检索与利用[M]. 第5版. 南京：东南大学出版社，2014.

[3] 杨耀防，陈先平. 医学文献检索与论文撰写[M]. 南昌：江西高校出版社，2009.

[4] 郭倩玲. 科学论文写作[M]. 第二版. 北京：化学工业出版社，2021.

[5] 葛虹，范文昌. 医药信息检索与利用[M]. 北京：化学工业出版社，2014.

[6] 王红军. 文献检索与科技论文写作入门[M]. 北京：机械工业出版社，2018.

[7] 马逸群，王家平，杨素萍. 3D打印技术在心血管疾病中的应用和进展[J]. 当代医学，2019, 25(28):191-194.

[8] 冯玲，张文强，盛鑫. 生物化学制药概述及技术发展趋势[J]. 化工设计通讯，2019, 45(02):182.

[9] 闫浩浩，闫干干，戚海燕，等. 新型三明治样荧光偏振筛选模型在新冠病毒主蛋白酶小分子抑制剂筛选中的应用[J/OL]. 生物工程学报:1-14[2022-03-12].DOI:10.13345/j.cjb.210949.

[10] 王琳，孙琳，刘福荣，等. 二代基因测序在胶质瘤治疗中的临床价值[J]. 中国肿瘤，2021, 30(08):627-634.

[11] 鄢龙家，刘力，乐意. 立体评价手段助力《制药设备与工艺设计》课程教学模式改革[J]. 广东化工，2020,47(04):210-211.

[12] 俞婷，刘新娟，刘力，等. 基于网络药理学的荆银颗粒治疗病毒性感冒作用机制研究[J]. 中成药，2020,42(02):456-461.

[13] 张菊霞，刘亚西，祝蕾. 我国高职教育"走出去"的实践、动力与发展——基于全国1298所高职院校年度质量报告的分析[J]. 职教论坛，2019(10):28-34.

[14] 吴丽青. 吡格列酮联合阿卡波糖治疗老年2型糖尿病合并高血压的临床研究[J]. 心血管病防治知识（学术版），2019,9(27):15-17.

[15] 孙平良，黄深，欧海玲，等. 片仔癀对人结肠癌SW480细胞株的抑制作用研究[J]. 中华结直肠疾病电子杂志，2019,8(02):139-144.

[16] 龚秋燕，潘梅. 用于治疗红斑狼疮的双氢青蒿素控释制剂[P], CN201110453442.8, 2013-07-03.

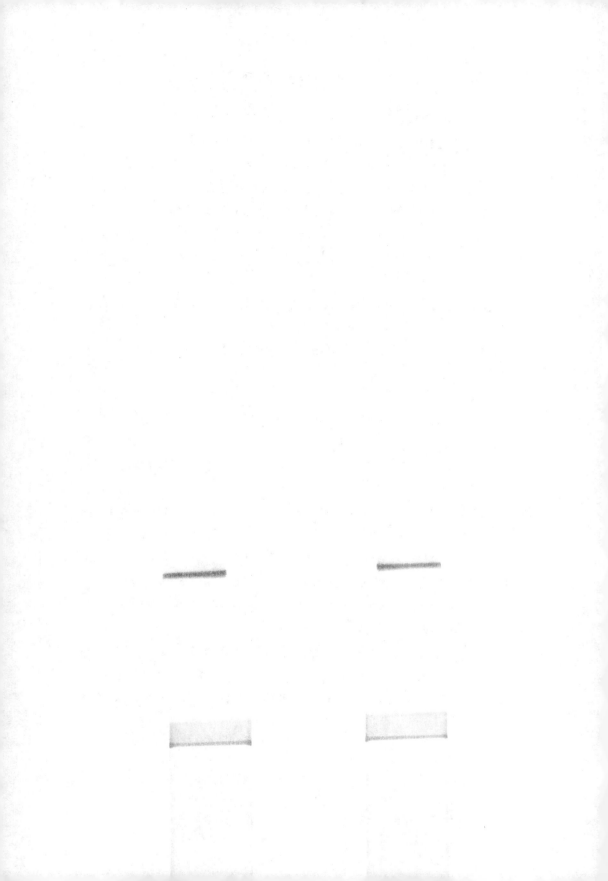